W0182639

Muffins & Cupcakes

75 Rezepte von Mini bis Maxi

Janet Smith
Fotos Deirdre Rooney

CHRISTIAN VERLAG

Muffins und Cupcakes – schlicht und doch raffiniert die einen, bunt, üppig und liebevoll verziert die anderen, sind etwas Wunderbares. Wenn man diese kleinen Kuchen in ihren Papierförmchen vor sich sieht, kann man ihnen einfach nicht widerstehen! Im Grunde genommen ist es kinderleicht, sie herzustellen, und viel weniger stressig als gewöhnlich das Kuchenbacken. Weil sie im Handumdrehen fertig sind, kommen Sie schnell in den Genuss Ihrer kleinen Meisterwerke, und dies mit allen Sinnen.

Ihre künstlerischen Fähigkeiten sind hier gefragt! Tausende von Kombinationsmöglichkeiten stehen Ihnen offen, um Kuchen und Frosting – das i-Tüpfelchen obendrauf, eines schöner und origineller als das andere – zusammenzustellen. Folgen Sie einfach Ihren Einfällen und – warum auch nicht? – den Tendenzen der Mode. Bei der Farbenwahl meiner Cupcakes richte ich mich gern nach den Modefarben und den Farben der Jahreszeiten. Vergessen Sie an einem traurigen Regentag Ihre sorgenvolle Laune! Bereiten Sie hübsche Cupcakes und ein paar Crêpes zu, holen Sie Ihr Teegeschirr und ein schönes Tischtuch hervor, und Sie werden Ihren Nachmittag in ein unvergessliches Erlebnis verwandeln. Wenn Sie dabei an einem wärmenden Kaminfeuer sitzen, zusammen mit einem treuen Haustier und Ihrem Liebsten, sind Sie dem Glück schon sehr nah.

Es klingt unglaublich, dass Muffins und Cupcakes früher den Kindergeburtstagen und Teestunden vorbehalten waren. Doch das war einmal. Heute findet man sie auf Dessertkarten und auf hippen Hochzeiten. Auch bei großen Premieren und wichtigen Empfängen kommen sie vor.

Jedes noch so einfache Cupcake-Rezept lässt sich durch eine Frosting-Haube, eine sensationelle Glasur oder Garnierung aufpolieren. Da braucht man nicht weit zu suchen, und selbst Anfängern ist dies möglich. Alles, was Sie brauchen, sind Zutaten guter Qualität, und Sie können Ihre kleinen Kuchen voller Stolz vorführen.

Ich habe in diesem Buch versucht, meine Begeisterung für Cupcakes und Mode auf einen Nenner zu bringen. Ich möchte Ihnen damit zeigen, wie Sie einen bestimmten Anlass, Ihr Aussehen und die servierten Cupcakes aufeinander abstimmen können. Ein Nachmittagstee in etwas schickem Rahmen bietet sich geradezu an, ein originelles, modisches Kleidungsstück einzuweihen. Andere, mehr konventionelle Einladungen passen eher mit einem schönen Vintage-Kleid und eleganten Schuhen zusammen. Der Tisch ist mit feinen Spitzenservietten und nostalgischen Blumensträußen dekoriert, und die Cupcakes werden auf schönem Porzellan serviert. Für die ganz hippen Einladungen hingegen lassen Sie sich besser von Luxusboutiquen inspirieren. Stimmen Sie auch Ihr Aussehen darauf ab: lackierte Nägel, echter Schmuck, Designerkleid und Schuhe mit Absätzen, die sich mit den extravagantesten Kreationen von Vivienne Westwood messen können. Die Cupcakes richten Sie auf weißen Tellern von edlem Design an, zusammen mit perfekt gebügelten Servietten – ja, und in diesem Fall ziehe ich Champagner dem Tee vor.

Sie werden schnell lernen, jede Gelegenheit auszunutzen, um interessantes Zubehör für Ihre Cupcakes und Muffins aufzustöbern. Behalten Sie im Auge, dass sie sich auch als Geschenke eignen. Suchen Sie daher nach Papierförmchen, Schachteln und Verpackungsmaterial, die zu Ihren Kuchen und der beschenkten Person passen. Auch im Internet können Sie fündig werden. Denken Sie ebenso daran, die Taschen gewisser Boutiquen aufzubewahren. Manche sind wunderschön – ich habe eine ganze Sammlung davon. Durchforsten Sie Floh- und Trödelmärkte, um hübsche Tassen und Untertassen, alte Kuchenplatten und schöne Servietten zu finden. Auf Ihren Reisen vergessen Sie nicht, bei Chocolatiers und Süßwarenhändlern vorbeizuschauen. Dort entdecken Sie oft Kleinigkeiten, mit denen Sie Ihre Cupcakes verschönern können. Dabei spüren Sie Papierförmchen, Sterne, Dragees, Bonbons und Schokoladen mit speziellem Aroma auf, die Ihre kleinen Kuchen in wahre Raritäten verwandeln.

Und vergessen Sie nie, Ihre prachtvollen Kreationen nach ihrer Vollendung zu fotografieren und ein Album mit diesen Meisterwerken anzulegen. Ich wünsche Ihnen viel Spaß dabei!

Was man zum Backen braucht

Küchengeräte

Küchenwaage

Ich ziehe eine elektronische Waage vor, weil man auf ihr die Zutaten direkt in der Schüssel wiegen kann. Dadurch gibt es weniger Geschirr zum Abwaschen.

Holzlöffel

Halten Sie Ihre Holzlöffel zum Backen getrennt von den Kochlöffeln. Denn es ist nicht sehr angenehm, beim Genuss einer Glasur Knoblauch oder Zwiebeln herauszuschmecken.

Spatel

Ein Spatel aus Kunststoff, auch Teigschaber genannt, ist das ideale Werkzeug, um den Teig aus der Schüssel zu schaben.

Messlöffel

Mit den Messlöffeln lassen sich auch kleinste Mengen leicht dosieren.

Zestenreißer

Er ist ein äußerst praktisches Werkzeug, um die Schale von Zitrusfrüchten hauchdünn und in Streifen abzuziehen. Auch ein Sparschäler lässt sich dafür verwenden. Die Schale muss dann allerdings noch in feine Streifen geschnitten werden.

Thermometer

Es dient zum Messen der Temperatur im Backofen und hilft, die Stadien beim Sirupkochen zu bestimmen.

Backformen und Papierförmchen

Zum Backen Ihrer Cupcakes und Muffins benötigen Sie Muffin- oder Törtchenformen. Muffin-Formen gibt es gewöhnlich als Backblech mit 6 oder 12 Vertiefungen, die je einen Durchmesser von 7 cm und eine Tiefe von 4 cm haben. Am besten eignen sich Backbleche mit 12 Vertiefungen, da fast alle Rezepte für 12 oder mehr kleine Kuchen berechnet sind. Wenn Sie nur ein Blech mit 6 Vertiefungen haben, backen Sie die Kuchen einfach in mehreren Gängen. Törtchenbackbleche enthalten ebenfalls gewöhnlich 12 Vertiefungen. Diese sind jedoch weniger tief als die Muffin-Formen. Sie haben je einen Durchmesser von 7 cm und eine Tiefe von 2–3 cm. Auch Backbleche für Mini-Muffins mit 24 Vertiefungen sind erhältlich. Für die Kuchen in Würfelform (siehe Seite 120) gibt es spezielle Backbleche mit 16 würfelförmigen Vertiefungen.

In die Vertiefungen der jeweiligen Backformen setzen Sie Papierförmchen, die es speziell für diesen Zweck in verschiedenen Formaten gibt. Sie können Ihre Cupcakes und Muffins auch ohne Backformen backen, indem Sie die Papierförmchen direkt auf ein gewöhnliches Backblech stellen. Nur geraten sie dadurch leicht unregelmäßig und sehen weniger hübsch aus. Verwenden Sie nur Papierförmchen, die sich zum Backen eignen. Förmchen in normaler Größe für Muffins haben einen Durchmesser von 55 mm und eine Tiefe von 40 mm, diejenigen für Törtchen einen Durchmesser von 45 mm und eine Tiefe von 25 mm. Auch für Mini-Muffins und für Kuchen in Würfelform gibt es entsprechende Papierförmchen. Für Kuchen mit besonders weichem Teig verwenden Sie statt der Papierförmchen lieber feste Förmchen aus Aluminium, damit sie auch nach dem Backen ihre Form behalten. Wenn Sie Schwierigkeiten haben, passende Förmchen zu finden, fragen Sie in Spezialgeschäften nach oder suchen Sie im Internet.

Füllen Sie die Papierförmchen nie bis zum Rand, weil der Teig sich beim Backen ausdehnt und sonst überfließen könnte.

Backformen

Papierförmchen

Messlöffel

Schachteln

Spritzbeutel

Spritztülle

Was man beim Backofen beachten sollte

Alle Rezepte wurden in Backöfen mit Umlufthitze getestet. Wenn Sie keinen solchen Ofen haben, sollten Sie die angegebene Temperatur jeweils um vielleicht 10 Grad erhöhen. Das heißt, wenn ein Rezept 180 °C angibt, stellen Sie den Ofen auf 190 °C. Zum Glück sind Muffins und Cupcakes recht duldsam und ertragen ohne größere Schwierigkeiten ein paar Grade Unterschied. Ohne Umluft benötigen die Kuchen meist auch etwas mehr Backzeit. Weil aber jeder Ofen anders reagiert, sollten Sie Ihren Timer vorsichtshalber auf etwas weniger als die angegebene Zeit stellen und eine Garprobe machen. Falls nötig, verlängern Sie die Backzeit. Wenn Ihr Backofen keinen Timer hat, kann ich Ihnen nur raten, einen Kurzzeitwecker zu stellen. Die Mini-Muffins benötigen zum Backen höchstens 10 Minuten, und man ist schnell abgelenkt und vergisst sie im Ofen.
Wenn Sie erst einmal ein oder zwei Bleche mit diesen kleinen Kuchen gebacken haben, werden Sie auch die Cupcakes und Muffins in Ihrem Ofen bestens im Griff haben.

Küchenmaschine und elektrisches Handrührgerät

Besonders für Biskuitteige, bei denen Eier und Zucker sehr schaumig gerührt werden müssen, und zum Schlagen von Eiweiß empfiehlt sich ein elektrisches Handrührgerät. Küchenmaschinen sind nützlich, wenn Sie größere Mengen Kuchen und Glasuren herstellen.

Schneebesen

Lebensmittelstift

Schneebesen

Ein guter Schneebesen ist das ideale Werkzeug, um Schlagsahne oder Chantilly-Sahne herzustellen. Mit elektrischen Schneebesen erhalten Sie ein schnelleres und weniger anstrengendes Resultat. Achten Sie jedoch gut darauf, die Sahne nicht zu lange zu schlagen, weil sie sich sonst in Butter verwandelt.

Spritzbeutel

Wenn Sie beim Verzieren Ihrer Fantasie freien Lauf lassen wollen, rate ich Ihnen dringend zu einem Spritzbeutel. Es gibt welche aus Plastik oder Stoff. Aber Sie können einen Spritzbeutel auch selbst aus Papier herstellen (siehe rechts).
Die kleinen Beutel, die Sie selbst herstellen, sehen wie eine Art spitze Tüte aus und sind äußerst praktisch, um Kuchen zu beschriften oder kleine Muster oder Ornamente darauf zu zeichnen. Zum farbigen Beschriften sind auch Lebensmittelstifte, wie oben abgebildet, oder in Form von Filzstiften erhältlich.

Eine Spritztüte herstellen

Schneiden Sie ein Quadrat (von 25 cm Seitenlänge) aus einem Blatt Pergament- oder Backpapier.
Falten Sie das Papier zu einem Dreieck und rollen Sie es zu einer spitzen Tüte.
Um die Tüte zu fixieren, legen Sie oben am Rand das innere Papierende nach außen um und das äußere nach innen.
Setzen Sie nach Belieben noch eine Tülle ein, bevor Sie die Tüte gebrauchen.
Füllen Sie die Tüte zur Hälfte mit Glasur, Creme oder Schlagsahne und schließen Sie sie, indem Sie den oberen Rand zusammenfalten.
Schneiden Sie mehr oder weniger von der Spitze ab, je nachdem wie breit die Verzierung werden soll.

Zutaten

Mehl

Normalerweise verwende ich Weizenmehl Type 550. Sie können aber genauso die gebräuchlichere Type 405 verwenden. Damit es schön aufgeht, müssen Sie das Mehl mit dem Backpulver gut vermischen und dann sieben. Sie können auch Vollkornmehl oder eine Mischung aus gewöhnlichem und Vollkornmehl nehmen, jedoch höchstens Type 812 oder 1050. Mehle mit höherer Typenzahl sind speziell für dunkles Brot gedacht. Mit Vollkornmehl werden die Kuchen allerdings etwas kompakter. Ich bereite gerne Schokoladen-Muffins damit zu.

Butter, Margarine und Öl

Der Geschmack von Butter in feinen Backwaren ist unvergleichlich. Der Teig lässt sich einfacher rühren, wenn die Butter zimmerwarm ist. Wenn Sie sie im Kühlschrank vergessen haben, legen Sie sie zum Weichwerden ein paar Sekunden in den Mikrowellenofen. Für den Teig können Sie die Butter durch unhydrierte Margarine ersetzen. Für eine Buttercreme sollten Sie allerdings niemals Margarine verwenden. Ebenso können Sie den Teig mit einem geschmacklich neutralen Öl wie beispielsweise einem Sonnenblumen- oder Traubenkernöl zubereiten. Für den Geschmack sorgen dann Zutaten mit intensivem Aroma wie Schokolade, Vanille, Zitrone oder Orange. Öl wird häufig zusammen mit Crème fraîche für Muffins nach amerikanischer Art verwendet.

Eier

Am liebsten nehme ich biologische Eier, und zwar große oder mittelgroße. Wenn Sie mittelgroße Eier verwenden, müssen Sie eventuell noch etwas Milch zum Teig geben, damit er die richtige Konsistenz hat. Die Eier sollten möglichst zimmerwarm sein. Denken Sie daran, sie 30 Minuten vor Gebrauch aus dem Kühlschrank zu nehmen. Verschlagen Sie sie gründlich, bis sie schaumig sind. Sie sollen sich mit möglichst viel Luft verbinden, damit der Teig schön locker wird.

Zucker

Die Rezepte für Cupcakes und Muffins enthalten traditionell recht viel Zucker. Wer diese kleinen Kuchen nicht so süß mag, kann die Zuckermenge ganz nach persönlichem Geschmack reduzieren.

Extrafeiner Zucker ist für feines Gebäck einfach ideal, weil seine feinen Körner sich schnell auflösen. Gewöhnlicher Kristallzucker hat etwas zu grobe Körner, die nicht immer Zeit haben, sich aufzulösen. Dadurch werden die Kuchen häufig nicht so weich, wie sie sein sollten. Rohzucker ist weniger raffiniert und daher gesünder. Aber die Kuchen nehmen eine beige, etwas trübe Farbe an, die mir nicht gefällt.

Für Glasuren verwendet man stets Puderzucker, weil er sich in Flüssigkeit schnell und vollständig auflöst. Er muss gesiebt werden, weil er beim Lagern oft Klümpchen bildet, die sich nur noch schwer entfernen lassen, wenn sie einmal mit Flüssigem vermischt sind.

Vanillezucker bringt einen wundervollen Duft in die Kuchen. Man kann ihn leicht selber herstellen. Alles, was man braucht, ist eine Vanilleschote, die man in den Zucker steckt, mindestens einen oder zwei Tage, bevor man ihn verwendet. Die Vanille durchdringt den Zucker mit ihrem Aroma. Auf gleiche Art können Sie Lavendelblüten zum Aromatisieren verwenden.

Rohrohrzucker und Muscovado-Zucker verfügen über ein kräftiges Aroma und verleihen den Kuchen eine etwas dunklere Farbe. Diese Zuckerarten klumpen gern, wenn man sie einige Zeit lagert. Vergessen Sie nicht, diese Klumpen mit einem Löffel zu zerreiben, bevor Sie den Zucker in den Teig geben. Später, wenn noch andere Zutaten dazukommen, ist es sehr schwierig, sie wieder aus dem Teig zu entfernen.

Ei

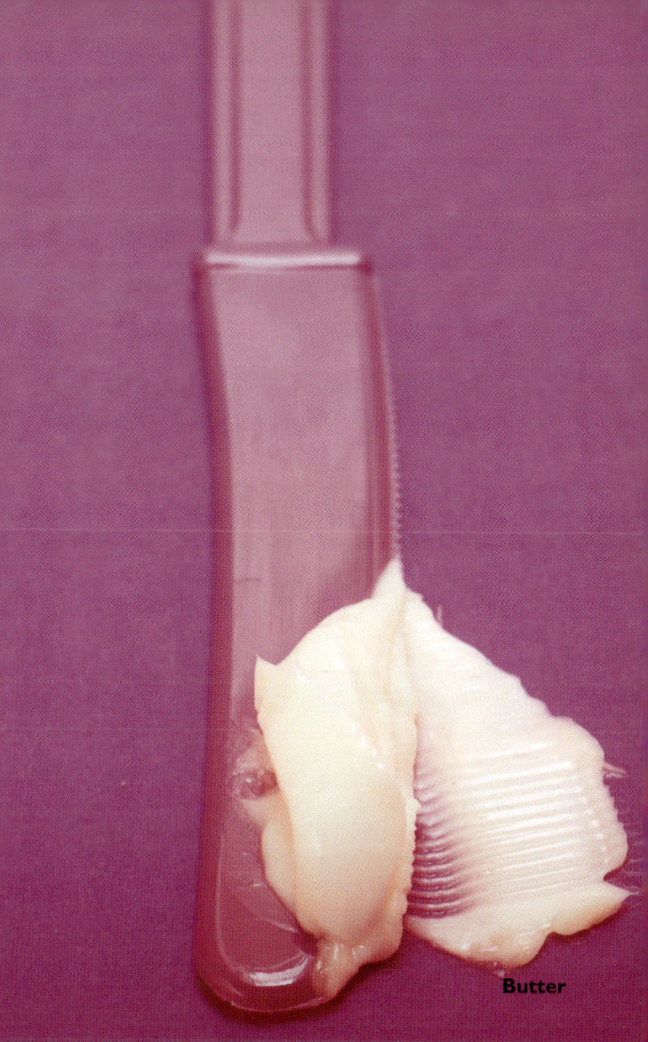

Butter

Mehl

Puderzucker

Kaffee

Zum Aromatisieren von Kaffee-Cupcakes verwende ich einen starken Espresso oder aber löslichen Kaffee, den ich in ganz wenig Flüssigkeit auflöse.

Überzuckerte Früchte und Blüten

Für die Zubereitung von überzuckerten Blüten und Blütenblättern eignen sich nur essbare und ungespritzte Blumen. Schlagen Sie in einer Schüssel ein Eiweiß leicht schaumig und bestreichen Sie die Blüten damit, ohne aber zu viel Eiweiß aufzutragen. Bestäuben Sie sie danach mit Puderzucker.
Feste Früchte können Sie auch in Zucker wälzen. Zarte Blütenblätter jedoch sollten Sie nur bestäuben. Lassen Sie sie auf beschichtetem Papier trocknen. Sie sollten noch am selben Tag verbraucht werden.

Aromen und Gewürze

Gewürze verlieren ihr Aroma im Lauf der Zeit. Besser also, Sie kaufen immer nur kleine Mengen und verbrauchen sie schnell. Die Intensität eines Aromas ist stets ein gutes Zeichen für die Frische. Verkosten Sie den Teig während der Zubereitung und passen Sie die Gewürzmenge nach Belieben an. Das ist zugleich eine wunderbare Entschuldigung, um Teig zu naschen, eines der größten Vergnügen beim Backen!

Vanilleextrakt

Natürliches Vanilleextrakt ist besser als künstliches Vanillearoma. Das Gleiche gilt für die Aromen von Minze, Rose und Mandeln.

Schokolade

Verwenden Sie eine gute dunkle Schokolade mit hohem Kakaoanteil. Lassen Sie sich bei einem guten Chocolatier inspirieren. Auch Schokolade, die mit Gewürzen, scharfem Chili, mit Rosen oder Minze aromatisiert ist, eignet sich gut für manche Rezepte. Seien Sie vorsichtig mit weißer Schokolade. Sie ist schwierig zu schmelzen und brennt leicht an (siehe Seite 19).

Überzuckerte Blüten

Schokoladenspäne

geschmolzene Schokolade

Schokoladenspäne

Um Schokoladenspäne herzustellen, brauchen Sie eine zimmerwarme Tafel Schokolade. Wenn die Schokolade zu kalt ist, splittert sie nur, statt sich in Späne aufzurollen.
Für die Späne ziehen Sie einen Gemüseschäler auf der Kante der Schokoladentafel von oben nach unten. Wenn Sie breitere Späne wollen, setzen Sie den Schäler auf der flachen Seite der Tafel ein. Sollten die Späne sich nicht aufrollen, fahren Sie mit dem Finger auf der Schokoladenkante auf und ab, damit sie weich wird. Diese Technik verlangt ein wenig Übung. Wenn es Ihnen nicht gelingt, können Sie die Schokolade auch einfach raspeln, oder Sie nehmen einen Schokoladeriegel und zerstückeln ihn.

Schokolade im Mikrowellenofen schmelzen

- Brechen oder hacken Sie die Schokolade in kleine Stücke, sodass sie gleichmäßig schmilzt. Geben Sie sie in einen sauberen, trockenen, hitzeresistenten Behälter.
- Bei kleinen Mengen schmelzen Sie die Schokolade 30 Sekunden auf kleiner oder mittlerer Stufe. Bei größeren Mengen schmelzen Sie sie auf hoher Stufe. Wie lange das Ganze dauert, variiert von Marke zu Marke stark und hängt auch von der Ausgangstemperatur der Schokolade ab. Beobachten Sie den Schmelzvorgang aufmerksam, weil Schokolade gern anbrennt und schnell austrocknet. Manchmal glaubt man, sie sei noch gar nicht geschmolzen und merkt erst beim Berühren, dass sie tadellos weich ist. Wenn Sie die Schokolade mit etwas Butter oder Flüssigkeit schmelzen, verkürzt sich die Schmelzdauer.

Schokoladenblatt

Schokoladentafel

Schokoladenblätter

Wählen Sie Blätter, die eine hübsche Form haben und gezahnt sind. (Achten Sie aber darauf, keine Blätter von giftigen Pflanzen zu verwenden!)

- Waschen Sie die Blätter und trocknen Sie sie gut ab.
- Nehmen Sie einen Pinsel und bestreichen Sie die untere Seite der Blätter mit geschmolzener Schokolade. Achten Sie darauf, den Rand der Blätter nicht zu überpinseln. Lassen Sie die Schokolade trocknen und tragen Sie dann eine zweite Schicht auf. Lassen Sie auch diese trocknen.
- Lösen Sie das Blatt vorsichtig von der Schokolade (besser als umgekehrt). Gehen Sie langsam vor, da die Schokolade leicht bricht und an der Wärme Ihrer Hand wieder schmelzen könnte. Legen Sie sie in eine Plastikdose, mit beschichtetem Papier zwischen den einzelnen Lagen, und bewahren Sie sie im Kühlschrank oder Tiefkühler auf.

Schokolade im Wasserbad schmelzen

Es ist die beste Methode, um weiße Schokolade zu schmelzen, die sonst leicht anbrennt.

- Brechen oder hacken Sie die Schokolade in kleine Stücke, damit sie gleichmäßig schmilzt. Geben Sie sie in eine saubere, trockene und hitzeresistente Schüssel.
- Nehmen Sie einen Topf von ungefähr gleicher Größe wie die Schüssel, sodass diese, ohne einzutauchen, darauf steht. Gießen Sie reichlich Wasser in den Topf, jedoch nur so viel, dass es den Boden der Schüssel nicht berührt. Bringen Sie das Wasser knapp zum Sieden.
- Rühren Sie von Zeit zu Zeit die Schokolade um, damit sie gleichmäßig schmilzt.
- Lassen Sie die Schokolade stets etwas auskühlen, bevor Sie sie unter den Teig mengen. Durch die Wärme könnten die Eier sonst stocken.

Tipps und Tricks

Häufige Probleme

Die Rezepte sind einfach zu befolgen, und Sie sollten eigentlich auf keine großen Probleme stoßen. Doch genügt eine kurze Abwesenheit, und die Muffins oder Cupcakes geraten nicht immer genau so, wie wir es uns wünschen. In der Regel ist das weiter gar nicht schlimm. Selbst wenn sie etwas trocken wirken oder irgendwie anders als erwartet, kommt es doch selten vor, dass sie nicht schmecken oder wirklich unansehnlich sind. Vielfach genügt es, sie mit Puderzucker zu bestäuben und zu verzieren, um einen kleinen Defekt zu verbergen. Für diejenigen, die wissen möchten, wo der mögliche Fehler liegt, hier ein paar Erklärungen und Ratschläge:

Die Papierförmchen lösen sich beim Auskühlen vom Kuchen

Mögliche Gründe

- Die Cupcakes und Muffins sind zu trocken oder zu feucht.
- Die Kuchen wurden nach dem Backen nicht aus den Backformen genommen. Denken Sie daher immer daran, sie aus den Vertiefungen der Bleche zu nehmen und auf einem Gitter auskühlen zu lassen.

Tipps

- Regen Sie sich über solche Kleinigkeiten nicht auf!
- Lösen Sie die Kuchen aus den Papierförmchen und überziehen Sie sie mit einer Glasur, die an den Seiten hinunterfließt.

Die Kuchen sind trocken

Mögliche Gründe

- Die Menge der Zutaten stimmt nicht genau.
- Die Kuchen wurden zu lange gebacken.
- Die fertigen Kuchen wurden nicht in einem gut verschließbaren Behälter aufbewahrt.

Tipp

Garnieren Sie sie großzügig mit einem üppigen cremigen Überzug.

Die Kuchen sind schwer und kompakt

Mögliche Gründe

- Sie haben zu viel Flüssigkeit zugegeben. Messen Sie beim nächsten Mal die flüssigen Zugaben mit einem Messlöffel.
- Sie haben zu wenig Backpulver untergemischt. Nehmen Sie auch dafür einen Messlöffel.
- Der Teig ist zusammengefallen und hat nicht genügend Luft gespeichert: Fügen Sie das nächste Mal ein wenig Mehl hinzu, wenn Sie die Eier schlagen.

Tipp

- Reichen Sie frische Beeren und Schlagsahne dazu.

Die Kuchen sind aufgeworfen und rissig

Mögliche Gründe

- Der Ofen war zu heiß.
- Der Teig war nicht flüssig genug. Verwenden Sie mehr Flüssigkeit beim nächsten Mal oder größere Eier.
- Die Papierförmchen wurden zu sehr gefüllt.

Tipps

- Schneiden Sie die unerwünschte Wölbung mit einem Messer weg und verzieren Sie den Kuchen wie geplant.
- Schneiden Sie die unerwünschte Wölbung mit einem Messer weg und bedecken Sie den Kuchen mit Buttercreme und Konfitüre oder Lemon Curd und setzen Sie das weggeschnittene Kuchenstück obendrauf. Bestäuben Sie das Ganze mit Puderzucker.

Die Kuchen sind in der Mitte eingesunken

Mögliche Gründe

- Der Teig war zu flüssig.
- Sie haben zu viel Natron oder Backpulver in den Teig getan.
- Der Ofen war zu heiß beim Einschieben der Kuchen. Dadurch bekommen Sie zu schnell eine Kruste. Prüfen Sie mit einem Backthermometer die Temperatur Ihres Ofens oder reduzieren Sie diese einfach um 10 °C.
- Der Ofen hatte während des Backvorgangs nicht die richtige Temperatur. Prüfen Sie mit einem Backofenthermometer die Temperatur Ihres Ofens nach.
- Die Kuchen waren noch nicht fertig gebacken, als Sie sie aus dem Ofen nahmen. Dadurch sinken sie in der Mitte ein.

Tipp

- Überziehen Sie die Cupcakes und Muffins mit einer Zuckerglasur, mit geschmolzener Schokolade oder einer Schaumglasur.

Gut zu wissen

Die Papierförmchen füllen

Damit Ihre Muffins und Cupcakes wirklich perfekt aussehen, sollten Sie die Papierförmchen füllen, ohne dass der Teig über die Ränder oder Seiten tropft. Wenn der Teig flüssig genug ist, können Sie ihn in eine Kanne umleeren und aus dieser in die Förmchen gießen.
Wenn der Teig eher fest ist, füllen Sie die Förmchen am besten mithilfe von zwei Teelöffeln. Nehmen Sie einen gehäuften Teelöffel Teig und schieben Sie diesen mit dem zweiten Teelöffel in das Förmchen. Füllen Sie die Förmchen aber nicht zu sehr, weil der Teig sonst überfließen könnte.

Die Backprobe oder Wann sind die Kuchen fertig?

- Ein köstlicher Kuchenduft verbreitet sich in der Küche.
- Man hört ein leises Knistern. Dieses hört auf, sobald die Kuchen fertig gebacken sind.
- Achten Sie auf die Farbe: Vanille-Muffins haben ein helles Goldbraun. Backen Sie sie nicht zu lange, weil ihre Kruste sonst hart wird.
- Bei Cupcakes drücken Sie mit dem Finger ganz leicht auf die Mitte der kleinen Kuchen. Die Druckstelle muss sich sofort wieder glätten, ohne eine Spur zu hinterlassen. Beeilen Sie sich dabei, und ziehen Sie das Backblech nur zur Hälfte aus dem Ofen, damit nicht zu viel Hitze verloren geht, falls Sie die Kuchen zurück in den Ofen schieben müssen. Sie gehen sonst möglicherweise nicht mehr richtig auf.

- Bei den höheren Muffins können Sie die Backprobe mit einer Messerspitze machen, indem Sie mit dieser in die Kuchenmitte stechen. Bleibt die Klinge trocken, sind die Muffins fertig.
- Manche Rezepte sind sowohl für die Zubereitung in Muffin-Formen als auch in Cupcakes-Förmchen geeignet. Beachten Sie, dass die Backzeit in den flacheren Förmchen kürzer ist.

Glasuren und Garnituren

Manchmal ist es wichtig, zu warten, dass die Cupcakes vollständig auskühlen, bevor man sie überzieht oder garniert. Besonders empfindlich auf Wärme reagieren Buttercreme oder Schlagsahne, die einfach schmelzen, was Ihre Kuchen miserabel aussehen lässt. Andererseits schmecken noch leicht warme Cupcakes und Muffins, wenn man sie mit geschmolzener Schokolade oder Zuckerglasur überzieht, schlicht und einfach himmlisch.

Cupcakes und Muffins aufbewahren

Die meisten dieser kleinen Kuchen schmecken am besten, wenn man sie frisch, das heißt noch am Tag ihrer Herstellung, genießt. Zum Aufbewahren legt man sie in eine fest verschließbare Dose. Cupcakes, die mit frischen Früchten oder Sahne zubereitet werden, müssen an einem kühlen Ort, oder im Sommer im Kühlschrank, aufbewahrt werden. Nehmen Sie sie rechtzeitig heraus, bevor Sie sie servieren.
Möchten Sie Muffins oder Cupcakes tiefkühlen, sollten diese unglasiert sein. Entfernen Sie die Papierförmchen von den gebackenen Kuchen, stellen Sie sie auf einem Blech in den Gefrierschrank. Sobald sie hart sind, füllen Sie sie in einen Tiefkühlbeutel.

Verzierungen

schillernde Zuckerperlen

Bonbons

Zuckerpailletten

Glitzerpuder

Zuckersterne

Einfache Cupcakes und Muffins

Einfache Vanille-Muffins

Servieren Sie diese Muffins einfach so, noch warm und mit Puderzucker bestäubt oder mit einer farbigen Zuckerglasur (siehe Seite 148) überzogen.

Für 9–18 Muffins
Vorbereitungszeit: 15 Minuten
Backzeit: 15–20 Minuten (je nach Größe der verwendeten Formen)
Foto: Seite 33

NEUTRALER MUFFIN-TEIG
110 g weiche Butter
110 g extrafeiner Zucker
2 große Eier
1 TL Vanilleextrakt
110 g Mehl, vermischt mit 1½ gestrichenen TL Backpulver
1 EL Milch, falls nötig auch etwas mehr

GARNITUR
Puderzucker zum Bestäuben (nach Belieben)
Zuckerglasur (nach Belieben)
Zuckerperlen und bunte Zuckersternchen

Den Ofen auf 180 °C vorheizen und 9 Papierbackförmchen in die Vertiefungen von einem Muffin-Backblech oder 18 Papierbackförmchen in die Vertiefungen von zwei Törtchenbackblechen (siehe Seite 10) hineinsetzen.

Die Butter in eine Schüssel (idealerweise mit rundem Boden) geben. Ein feuchtes, zusammengefaltetes Tuch unter die Schüssel legen, damit sie nicht rutscht.

Die Butter mit einem Holzlöffel glatt rühren. Den Zucker, die Eier, das Vanilleextrakt, das mit Backpulver vermischte Mehl und die Milch hinzufügen und dabei kräftig rühren, bis alle Zutaten gut vermischt sind und einen cremigen Teig bilden. Mit dem Holzlöffel etwas Teig aus der Schüssel nehmen und leicht auf den Löffel schlagen. Wenn der Teig am Löffel hängen bleibt, noch etwas Milch unterrühren. Die Probe wiederholen, bis die richtige Konsistenz erreicht ist. Den Teig mit zwei Teelöffeln in die Papierförmchen füllen. Je nach verwendeten Förmchen 15–20 Minuten backen, bis die Muffins aufgegangen und goldbraun sind.

Die Muffins aus den Vertiefungen nehmen und auf einem Gitter auskühlen lassen. Lauwarm und nur mit Puderzucker bestäubt schmecken sie köstlich. Alternativ mit einer Zuckerglasur versehen, wie auf Seite 148 beschrieben. Dann nach Belieben mit Zuckerperlen und bunten Zuckersternchen verzieren.

VARIANTE
Den Teig mit Mandelaroma statt mit Vanilleextrakt aromatisieren.

MIT DER KÜCHENMASCHINE
Manche halten es für einfacher, mit einer Küchenmaschine zu arbeiten. Ich selber werde nicht so glücklich damit, und es gibt auch mehr Geschirr zu waschen. Die Küchenmaschine hat jedoch Vorteile, wenn man große Mengen produziert.

Alle Zutaten in die Schüssel geben und mit dem Rührwerk mischen, bis ein weicher Teig entsteht. Dessen Konsistenz prüfen und bei Bedarf noch etwas Milch hinzufügen. Danach das Rührwerk erneut kurz laufen lassen. Auf keinen Fall zu lange mixen, weil die Muffins sonst nicht richtig aufgehen.

Favorite
FRIEND

Amerikanische Muffins

Verschiedene amerikanische Muffin-Rezepte verwenden Öl und Crème fraîche statt Butter. Die Muffins werden dadurch kompakter. Wenn Sie diesen Teig mit einem elektrischen Handrührgerät oder einer Küchenmaschine bearbeiten, wird er luftiger. Aromatisieren Sie mit einem Teelöffel Vanilleextrakt, wenn Sie den hausgemachten Vanillezucker durch gewöhnlichen extrafeinen Zucker ersetzen.

Für 12 Muffins
Vorbereitungszeit: 35 Minuten
Backzeit: 20 Minuten
Foto: Seite 34

AMERIKANISCHER MUFFIN-TEIG
180 g hausgemachter Vanillezucker (siehe Seite 14) oder extrafeinen Zucker
2 Eier
4 gehäufte EL Crème fraîche
120 ml Sonnenblumen- oder Traubenkernöl
200 g Mehl
½ TL Backpulver
½ TL Natron
1 Prise Salz

SAHNEGARNITUR
50 g weiche Butter
100 g Puderzucker
4 gehäufte EL Crème fraîche
1 TL Vanilleextrakt
frische Himbeeren, geriebene Schokolade, Süßigkeiten nach Belieben zum Verzieren

Den Ofen auf 180 °C vorheizen und 12 Papierförmchen in die 12 Vertiefungen eines Muffin-Backblechs hineinsetzen.

Den Zucker und die Eier in eine Schüssel geben und mit den Schneebesen des Handrührgerätes schaumig rühren, bis die Masse so steif wird, dass die Schneebesen beim Hochheben einen Abdruck hinterlassen. (Probehalber lassen sich auch Zeichen in den Schaum schreiben.)

Die Crème fraîche mit dem Schneebesen unterrühren. Nach und nach das Öl dazugeben und stetig weiterrühren. Mehl, Backpulver, Natron und Salz vermischen und sieben, dann in die Masse einarbeiten. Den Teig rühren, bis er glatt und ohne jegliche Knöllchen ist.

Den Teig in eine Kanne umfüllen und aus dieser in die Förmchen gießen (sie dürfen fast bis zum Rand gefüllt werden). Etwa 20 Minuten backen, bis die Muffins schön aufgegangen sind. Sie sollen auf Fingerdruck noch weich reagieren. Aus den Vertiefungen nehmen und auf einem Gitter auskühlen lassen.

Für die Sahnegarnitur die Butter und den Puderzucker in eine Schüssel geben und mit den Schneebesen des Handrührgeräts schaumig rühren. Die Crème fraîche und das Vanilleextrakt hinzufügen und die Masse weiterrühren, bis sie leicht und luftig ist. Spiralförmig auf die Muffins auftragen und nach Lust und Laune verzieren.

Orangen-Muffins

Für 9 Muffins
Vorbereitungszeit: 35 Minuten
Backzeit: 20 Minuten
Foto: Seite 37

MUFFIN-TEIG MIT ORANGEN
110 g sehr weiche Butter
110 g extrafeiner Zucker
2 Eier
fein abgeriebene Schale von 1 großen Orange
2 EL Orangensaft (bei Bedarf auch etwas mehr)
110 g Mehl, vermischt mit
1½ gestrichenen TL Backpulver
1 TL Mohnsamen, nach Belieben zusätzlich noch etwas für die Verzierung

ORANGENGLASUR
100 g Puderzucker
fein abgeriebene Schale und Saft von 2 Orangen

Den Ofen auf 180 °C vorheizen und 9 Papierförmchen in die Vertiefungen eines Muffin-Backblechs setzen.

Die Butter in einer Schüssel glatt rühren. Den Zucker, die Eier, die Schale und den Saft der Orange und zuletzt das mit Backpulver vermischte Mehl hinzufügen. Das Ganze mit dem Schneebesen zu einem cremigen Teig schlagen. Zur Probe einen Löffel Teig hochhalten und leicht auf den Löffelstiel schlagen. Wenn der Teig nur schwer vom Löffel fällt, noch etwas Orangensaft einrühren. Danach die Probe wiederholen. Die Mohnsamen untermengen.

Mit zwei Teelöffeln den Teig in die Papierförmchen füllen. Etwa 20 Minuten backen, bis die Muffins schön aufgegangen und goldbraun sind. Aus den Vertiefungen des Backblechs nehmen und auf einem Gitter auskühlen lassen.

Den Puderzucker für die Glasur in eine Schüssel sieben. Die Schalen und den Saft der Orangen sowie etwas Wasser hinzufügen und zu einem glatten Guss verrühren. Je einen Löffel davon über die Muffins gießen und nach Belieben mit Mohnsamen und/oder Zuckerblüten verzieren. Vor dem Servieren erst gut trocknen lassen.

Zitronen-Cupcakes

Verwenden Sie unbehandelte Zitronen und eine Zitrusreibe zum Abreiben. Reiben Sie die weiße Schale nicht mit, denn sie schmeckt bitter.

Für 18 Cupcakes
Vorbereitungszeit: 35 Minuten
Backzeit: 15 Minuten
Foto: Seite 39

RÜHRTEIG MIT ZITRONEN
110 g sehr weiche Butter
110 g extrafeiner Zucker
2 Eier
fein abgeriebene Schale von 1 großen Zitrone
1 EL Zitronensaft, falls nötig auch etwas mehr
110 g Mehl, vermischt mit
1½ gestrichenen TL Backpulver

ZITRONENGLASUR
100 g Puderzucker
fein abgeriebene Schale und Saft von 2 großen Zitronen
gelbe Zuckerblüten zum Verzieren (nach Belieben)

Den Ofen auf 180 °C vorheizen und 18 Papierförmchen in die Vertiefungen von zwei Törtchenbackblechen (siehe Seite 10) hineinsetzen.

Die Butter in einer Schüssel glatt rühren. Den Zucker, die Eier, die abgeriebene Schale und den Saft der Zitrone und das mit Backpulver vermischte Mehl hinzufügen. Mit dem Schneebesen schlagen, bis ein cremiger Teig entsteht. Zur Probe der Konsistenz einen Löffel Teig hochhalten und leicht auf den Stiel schlagen. Wenn der Teig nur schwer vom Löffel fällt, noch etwas Zitronensaft unterrühren. Die Probe wiederholen.

Mit zwei Teelöffeln den Teig in die Papierförmchen füllen. Etwa 15 Minuten backen, bis die Cupcakes schön aufgegangen und goldbraun sind. Aus den Vertiefungen nehmen und auf einem Gitter auskühlen lassen.

Für die Glasur den Zucker in eine Schüssel sieben. Die Schale und den Saft der Zitronen sowie etwas Wasser hinzufügen und zu einem glatten Guss rühren. Je einen Löffel davon über die Cupcakes gießen und nach Belieben mit Zuckerblüten verzieren. Vor dem Servieren erst gut trocknen lassen.

Kokosnuss-Cupcakes

Diese Cupcakes sind für ein sommerliches Frühstück ideal. Servieren Sie sie zusammen mit einem Frucht-Smoothie.

Für 36 Cupcakes
Vorbereitungszeit: 20 Minuten
Backzeit: 15 Minuten
Foto: Seite 41

RÜHRTEIG MIT KOKOSNUSS
130 g weiche Butter
180 g extrafeiner Zucker
2 Eier, zusätzlich 2 Eiweiß
130 g Mehl, vermischt mit
1 TL Backpulver
2 EL Milch
100 g Kokosflocken

GARNITUR
1 Portion Zuckerglasur (siehe Seite 148)
Kokosflocken, frisch geraspelt
Puderzucker zum Bestäuben (nach Belieben)

Den Ofen auf 180 °C vorheizen und 36 Papierförmchen in die Vertiefungen von drei Törtchenbackblechen (siehe Seite 10) hineinsetzen.

Die Butter in einer Schüssel schaumig rühren. Die Hälfte des Zuckers, die ganzen Eier, das mit Backpulver vermischte Mehl und die Milch hinzufügen und alles gut verrühren.

Die Eiweiße zu Schnee schlagen. Den restlichen Zucker und die Kokosflocken untermengen. Diese Mischung unter den Teig heben. Den Teig in die Papierförmchen füllen und etwa 15 Minuten backen, bis die Cupcakes schön aufgegangen sind.

Aus den Backblechen nehmen und auf einem Gitter auskühlen lassen. Mit Zuckerglasur überziehen und mit Kokosflocken bestreuen. Noch warm und nur mit etwas Puderzucker bestäubt schmecken diese Cupcakes aber genauso gut.

Rosinen-Gewürz-Cupcakes

Für 18 Cupcakes
Vorbereitungszeit: 20 Minuten
Backzeit: 15 Minuten
Foto: Seite 43

RÜHRTEIG MIT ROSINEN
110 g sehr weiche Butter
100 g Kandisfarin
2 Eier
1 EL Rum oder Milch, falls nötig auch etwas mehr
110 g Mehl, vermischt mit
1½ gestrichenen TL Backpulver
1 TL Vier-Gewürze-Pulver
60 g Rosinen
10–20 Stück Würfelzucker (zum Garnieren)

Den Ofen auf 180 °C vorheizen und 18 Papierförmchen in die Vertiefungen von zwei Törtchenbackblechen (siehe Seite 10) hineinsetzen.

Die Butter in einer Schüssel schaumig rühren. Den Kandisfarin, die Eier, den Rum oder die Milch, das mit Backpulver vermischte Mehl und das Vier-Gewürze-Pulver unterrühren. Zur Probe der richtigen Konsistenz einen Löffel Teig hochhalten und leicht auf den Stiel schlagen. Wenn sich der Teig nur schwer vom Löffel löst, noch etwas Rum oder Milch einrühren. Die Probe wiederholen. Die Rosinen untermengen.

Den Teig mit zwei Teelöffeln in die Papierförmchen füllen. Etwa 15 Minuten backen, bis die Kuchen schön aufgegangen und goldbraun sind. Die Würfelzucker grob zerstückeln und über die Cupcakes streuen. Diese aus den Törtchenblechen nehmen und auf einem Gitter auskühlen lassen.

Ingwer-Cupcakes mit Zimtbuttercreme

Diese Cupcakes sehen auch mit einer Zuckerglasur (siehe Seite 148) und farbigen Zuckerpailletten (siehe Seite 29) äußerst verführerisch aus.

Für 18 Cupcakes
Vorbereitungszeit: 35 Minuten
Backzeit: 15 Minuten
Foto: Seite 45

RÜHRTEIG MIT INGWER
110 g sehr weiche Butter
100 g Kandisfarin
2 Eier
1 EL Rum oder Milch, falls nötig auch etwas mehr
1 EL Melasse
150 g Mehl, vermischt mit
1 ½ gestrichenen TL Backpulver
1 gehäufter TL Ingwerpulver
6 Scheiben kandierter Ingwer, gehackt

ZIMTBUTTERCREME
40 g weiche Butter
1 TL Zimtpulver
60 g Puderzucker
kandierter Ingwer, gehackt oder in Scheiben geschnitten, zum Verzieren
Ingwersirup oder Honig zum Verzieren

Den Ofen auf 180 °C vorheizen und 18 Papierförmchen in die Vertiefungen von zwei Törtchenbackblechen (siehe Seite 10) hineinsetzen.

Die Butter in einer Schüssel glatt rühren. Den Zucker hinzufügen (vorher gut sieben, weil die Knöllchen sich später nur schwer auflösen), danach die Eier, den Rum oder die Milch, die Melasse, das mit Backpulver vermischte Mehl und das Ingwerpulver. Mit dem Schneebesen oder dem Handrührgerät kräftig schlagen, bis ein cremiger Teig entsteht. Probehalber einen Löffel Teig hochhalten und leicht auf den Stiel schlagen. Wenn der Teig nur schwer vom Löffel fällt, noch etwas Milch einrühren und die Probe wiederholen. Den gehackten Ingwer untermengen.

Mit zwei Teelöffeln den Teig in die Papierförmchen füllen. Etwa 15 Minuten backen, bis die Cupcakes schön aufgegangen und goldbraun sind. Aus den Backblechen nehmen und auf einem Gitter auskühlen lassen.

Die Butter für die Buttercreme in einer Schüssel schaumig rühren. Den Zimt und den Zucker vermischen und hinzufügen und das Ganze zu einer luftigen Creme schlagen. Etwas warmes Wasser untermengen, um die Creme ein wenig zu verdünnen. Spiralförmig auf die Cupcakes auftragen. Mit gehacktem oder in Scheiben geschnittenem Ingwer verzieren. Ein wenig Ingwersirup oder Honig darüberträufeln.

Kaffee-Nuss-Muffins

Für 12 Muffins
Vorbereitungszeit: 35 Minuten
Backzeit: 20 Minuten
Foto: Seite 47

BISKUITMASSE MIT KAFFEE UND NÜSSEN
200 g extrafeiner Zucker
2 große Eier
2 EL frisch zubereiteter Espresso
100 ml Naturjoghurt (3,5 % Fett)
100 ml Sonnenblumenöl
210 g Mehl
½ TL Backpulver
½ TL Natron
1 Prise Salz
100 g Walnusskerne, gehackt

KAFFEEGLASUR
1–2 TL löslicher Kaffee
2 EL Schlagsahne
50 g Kandisfarin (nach Belieben)
50 g weiche Butter
200 g Puderzucker
ein paar Walnusskerne, grob gehackt

Den Ofen auf 180 °C vorheizen und 12 Papierförmchen in die Vertiefung von einem Muffin-Backblech hineinsetzen.

Den Zucker und die Eier in eine Schüssel geben und mit dem Handrührgerät zu steifem, weißem Schaum schlagen. Beim Hochheben des Schneebesens soll ein Abdruck zurückbleiben. (Oder es lassen sich Zeichen in den Schaum schreiben.)

Den Espresso mit dem Joghurt und dem Öl vermischen und unter den Schaum ziehen.

Mehl, Backpulver, Natron und Salz zusammen sieben und unter die Masse rühren. Mit dem Schneebesen so lange schlagen, bis ein glatter, knöllchenfreier Teig entsteht.

In die Papierförmchen füllen und etwa 20 Minuten backen, bis die Muffins schön aufgegangen sind und auf Fingerdruck noch weich reagieren. Aus dem Muffin-Backblech nehmen und auf einem Gitter auskühlen lassen.

Für die Glasur den löslichen Kaffee, die Schlagsahne den braunen Zucker (nach Belieben) und die Butter in einen kleinen Topf geben und bei schwacher Hitze erwärmen. Dabei immer wieder rühren, bis sich der Zucker aufgelöst hat. Die Hitze erhöhen und das Ganze 3 Minuten kochen.

Vom Herd nehmen und den Puderzucker darübersieben. Mit dem Schneebesen schlagen, bis die Glasur glatt und streichfähig ist. Spiralförmig auf die Muffins auftragen und mit den gehackten Nüssen bestreuen.

Sugar

Karotten-Muffins mit Frischkäsehäubchen

Dies ist das Lieblingsrezept meines Sohnes Elliot. Er ist kein besonders süßes Schleckermaul, liebt aber Karottenkuchen. Weil er gerne intensives Zitronenaroma mag, verwende ich die Schalen von zwei Zitronen für die Garnierung. Wenn Sie ein dezenteres Aroma vorziehen, nehmen Sie einfach nur eine Zitrone.

Für 12 Muffins
Vorbereitungszeit: 45 Minuten
Backzeit: 20 Minuten
Foto: Seite 48

RÜHRTEIG MIT KAROTTEN
170 g Karotten
120 g weiche Butter
120 g Kandisfarin
2 große Eier
fein abgeriebene Schale von 1 großen Orange
1 EL Zitronensaft
1 TL Zimtpulver
1 TL Vier-Gewürze-Pulver
1 Prise Salz
100 g Mehl, vermischt mit
1½ gestrichenen TL Backpulver
50 g fein gemahlene Mandeln
50 g Walnuss- oder Pekannusskerne, gehackt
1 EL Milch

FRISCHKÄSEHÄUBCHEN
300 g Sahnefrischkäse wie beispielsweise Philadelphia oder Saint-Môret
60 g Puderzucker, gesiebt
fein abgeriebene Schale von 2 Zitronen und Saft von 1 Zitrone
bunte Zuckerstreusel zum Verzieren

Den Ofen auf 180 °C vorheizen und 12 Papierförmchen in die Vertiefungen von einem Muffin-Backblech hineinsetzen.

Die Karotten schälen und fein reiben. Zwischen Küchenpapier auspressen, um ihnen Saft zu entziehen.

Die Butter und den Zucker in eine Schüssel geben und schaumig rühren. Die anderen Zutaten der Reihe nach hinzufügen und unter kräftigem Schlagen gut einarbeiten. Zum Schluss die Karotten untermengen. Den Teig in die Papierförmchen füllen. Etwa 20 Minuten backen, bis die Muffins schön aufgegangen sind und auf Fingerdruck noch weich reagieren. Aus dem Backblech nehmen und auf einem Gitter auskühlen lassen.

Den Frischkäse in einer Schüssel glatt rühren. Den Zucker, die Schale und den Saft der Zitronen unterrühren. Für eine Weile in den Kühlschrank stellen, damit die Masse fest wird. Spiralförmig auf die Muffins auftragen; nach Wunsch einen Spritzbeutel benützen. Mit bunten Zuckerstreuseln verzieren.

Mandel-Muffins mit Buttercremedekor

Diese Muffins habe ich mir speziell für Deirdre, die Fotografin dieses Buches, ausgedacht. Wir verbrachten viele, sehr angenehme Nachmittage in meiner Küche, diskutierten miteinander bei einer guten Tasse Tee und probierten köstliche Kuchen. Dabei stellte sich heraus, dass die Kombination von Buttercreme und Konfitüre zu Deirdres Lieblingsvarianten gehört.

Für 10–12 Muffins
Vorbereitungszeit: 35 Minuten
Backzeit: 20 Minuten
Foto: Seite 51

RÜHRTEIG MIT MANDELN
150 g sehr weiche Butter
150 g extrafeiner Zucker
3 große Eier
1 EL Milch (nur nach Bedarf)
100 g Mehl, vermischt mit
1½ gestrichenen TL Backpulver
50 g fein gemahlene Mandeln
ein paar Tropfen Mandelaroma
Himbeer- oder Erdbeerkonfitüre zum Garnieren

BUTTERCREMEDEKOR
80 g sehr weiche Butter
150 g Puderzucker, zusätzlich noch etwas zum Bestäuben
1 Tropfen Mandelaroma
1–2 EL Milch

Den Ofen auf 180 °C vorheizen und 10–12 Papierförmchen in die Vertiefungen von einem Muffin-Backblech hineinsetzen.

In einer Schüssel die Butter schaumig rühren. Den Zucker, die Eier, die Milch (bei Bedarf), das mit Backpulver vermischte Mehl, die Mandeln und das Mandelaroma hinzufügen. Das Ganze cremig rühren. Zur Probe der Konsistenz einen Löffel Teig hochhalten und leicht auf den Stiel schlagen. Wenn der Teig nur schwer vom Löffel fällt, noch etwas Milch einrühren. Die Probe wiederholen.

Mit zwei Teelöffeln den Teig in die Papierförmchen füllen. Etwa 20 Minuten backen, bis die Kuchen schön aufgegangen und goldbraun sind. Aus dem Muffin-Backblech nehmen und auf einem Gitter auskühlen lassen.

Die Butter für die Buttercreme in einer Schüssel glatt rühren. Den Puderzucker, das Mandelaroma und die Milch hinzufügen und das Ganze schaumig rühren. Die Creme mit einem Löffel oder einem Spritzbeutel auf die Muffins auftragen. Je einen gehäuften Löffel Konfitüre dazugeben. Mit Puderzucker bestäuben.

Für Schokoholics

Einfache Schokoladen-Cupcakes mit rosa Buttercremetop

Für 12–16 Cupcakes
Vorbereitungszeit: 45 Minuten
Backzeit: 15 Minuten
Foto: Seite 55

RÜHRTEIG MIT KAKAO
20 g Kakaopulver
110 g sehr weiche Butter
110 g extrafeiner Zucker
2 Eier
½ TL Vanilleextrakt
1 EL Milch, falls nötig auch etwas mehr
110 g Mehl, vermischt mit
1½ gestrichenen TL Backpulver

ROSA BUTTERCREME
1 Portion Vanillebuttercreme, rosa gefärbt (siehe Seite 148)
Puderzucker

Den Ofen auf 180 °C vorheizen und 12–16 Papierförmchen in die Vertiefungen von ein bis zwei Törtchenbackblechen (siehe Seite 10) hineinsetzen.

Den Kakao in eine kleine Schüssel geben und mit etwas warmem Wasser zu einer Paste verrühren.

Die Butter in einer Teigschüssel glatt rühren. Die Kakaopaste, den Zucker, die Eier, das Vanilleextrakt, die Milch und das mit Backpulver vermischte Mehl hinzufügen. Das Ganze zu einem cremigen Teig verrühren. Zur Probe der richtigen Konsistenz einen Löffel Teig hochhalten und leicht auf den Stiel schlagen. Wenn der Teig nur schwer vom Löffel fällt, noch etwas Milch einrühren. Die Probe wiederholen.

Mit zwei Teelöffeln den Teig in die Papierförmchen füllen. Etwa 15 Minuten backen, bis die Cupcakes schön aufgegangen sind und auf Fingerdruck noch weich reagieren. Aus den Vertiefungen nehmen und auf einem Gitter auskühlen lassen.

Nach dem Auskühlen die obere Kuchenschicht dünn wegschneiden und halbieren. Auf jeden Kuchen einen Esslöffel Buttercreme geben und die halbierten Teile so hineinstecken, dass sie wie Schmetterlingsflügel aussehen. Mit Puderzucker bestäuben.

Erdnussbutter-Muffins mit Schokoladenglasur

Den Muffin-Teig mit Erdnussbutter und die Kombination mit einer zartschmelzenden Schokoladenglasur habe ich mir für meine Tochter Holly ausgedacht: Sie ist ein absoluter Fan von Erdnussbutter. Da diese Kuchen ziemlich nahrhaft sind, können Sie sie auch in 24 Mini-Muffin-Formen backen. In dem Fall beträgt die Backzeit nur 10 Minuten.

Für 12 Muffins
Vorbereitungszeit: 45 Minuten
Backzeit: 20 Minuten
Foto: Seite 57

RÜHRTEIG MIT ERDNUSSBUTTER
200 g Mehl, vermischt mit
2 gestrichenen TL Backpulver
175 g weiche Butter
175 g extrafeiner Zucker
3 Eier
4 gehäufte EL grobe Erdnussbutter
1 EL Milch, falls nötig auch etwas mehr

MILCHSCHOKOLADENGLASUR
100 g Milchschokolade, klein zerstückelt
50 g Butter
50 g Kandisfarin
50 ml Schlagsahne
100 g Puderzucker
2 EL Kakaopulver

Den Ofen auf 180 °C vorheizen und 12 Papierförmchen in die Vertiefungen von einem Muffin-Backblech hineinsetzen.

Das mit Backpulver vermischte Mehl sieben. Die Butter und den Zucker in eine Schüssel geben und mit dem elektrischen Handrührgerät schaumig rühren. Die Eier nach und nach unterrühren. Die Erdnussbutter hinzufügen und erneut rühren. Den Rand der Schüssel und die Schneebesen mit einem Schaber säubern. Das Mehl einarbeiten und genügend Milch einrühren, sodass ein cremiger Teig entsteht, der bei der Probe leicht vom Löffel fällt.

Den Teig in die Papierförmchen füllen. Etwa 20 Minuten backen, bis die Kuchen schön aufgegangen sind und auf Fingerdruck noch weich reagieren. Aus dem Backblech nehmen und auf einem Gitter auskühlen lassen.

Für die Glasur die Schokolade, die Butter, den Kandisfarin und die Schlagsahne in einen beschichteten Topf mit dickem Boden geben. Bei schwacher Hitze und unter gelegentlichem Rühren erwärmen, bis die Zutaten verschmelzen und der Zucker sich auflöst. Vom Herd nehmen; den Puderzucker und das Kakaopulver hineinsieben und zu einer glatten Creme rühren.

Die Glasur spiralförmig auf die Kuchen auftragen. Ein Messer, in heißes Wasser getaucht, zu Hilfe nehmen, wenn sie brüchig wird.

You make me
handsomely
happy.

Schokoladen-Pekannuss-Cupcakes mit Schoko-Fondantglasur

Für 10 Cupcakes
Vorbereitungszeit: 45 Minuten
Backzeit: 15 Minuten
Foto: Seite 58

RÜHRTEIG MIT KAKAO UND PEKANNÜSSEN

25 g Kakaopulver
125 g weiche Butter
125 g Kandisfarin
2 Eier
½ TL Vanilleextrakt
1 EL Milch, falls nötig auch etwas mehr
75 g Vollkornmehl, vermischt mit
1½ gestrichenen TL Backpulver
1 Handvoll Pekannüsse, grob gehackt

SCHOKO-FONDANTGLASUR

100 g dunkle Schokolade
100 g Milchschokolade
125 g weiche Butter
100 g Puderzucker
Zuckerblüten zum Verzieren

Den Ofen auf 190 °C vorheizen und 10 Papierförmchen in die Vertiefungen von einem Törtchenbackblech (siehe Seite 10) hineinsetzen.

Den Kakao in eine kleine Schüssel geben und mit drei Esslöffeln warmem Wasser zu einer Paste verrühren.

Die Butter in einer Teigschüssel glatt rühren. Die Kakaopaste, den Zucker, die Eier, das Vanilleextrakt, die Milch und das mit Backpulver vermischte Mehl hinzufügen. Alles gut verrühren und die Pekannüsse untermengen.

Die Mischung so lange rühren, bis ein cremiger Teig entsteht. Zur Probe der Konsistenz einen Löffel Teig hochhalten und leicht auf den Stiel schlagen. Wenn der Teig nur schwer vom Löffel fällt, noch etwas Milch einrühren. Die Probe wiederholen.

Den Teig in die Papierförmchen füllen. Etwa 15 Minuten backen, bis die Kuchen schön aufgegangen sind und auf Fingerdruck noch weich reagieren. Aus dem Backblech nehmen und auf einem Gitter auskühlen lassen.

Für die Schoko-Fondantglasur die beiden Schokoladen in Stücke brechen und im Mikrowellenofen oder in einer Schüssel im heißen Wasserbad schmelzen. Darauf achten, dass der Boden der Schüssel das Wasser nicht berührt. Die Butter und den Puderzucker hinzufügen. Das Ganze zu einer zarten, weichen Creme rühren. Auskühlen lassen, bis sie streichfähig geworden ist. Spiralförmig auf die Kuchen auftragen und mit Zuckerblüten verzieren.

Schoko-Muffins mit weißer Schokoladen-Ganache

Wenn Sie diese Muffins lieber in ihren Papierförmchen lassen, brauchen Sie nur die Hälfte der Glasur. Tragen Sie sie spiralförmig auf, ohne die Kuchenränder zu überziehen.

Für 6 Muffins
Vorbereitungszeit 45 Minuten
Backzeit: 20 Minuten
Foto: Seite 61

SCHOKOLADENTEIG

100 g dunkle Schokolade
60 g Butter
60 g Kandisfarin
50 g fein gemahlene Mandeln
25 g hausgemachtes Paniermehl aus Vollkornbrot
2 Eier, Eiweiß und Eigelb getrennt

WEISSE SCHOKOLADEN-GANACHE

150 g weiße Schokolade guter Qualität, gehackt
150 ml Schlagsahne oder Crème double
überzuckerte Blüten und Blütenblätter, Schokoladenspäne zum Verzieren

Den Ofen auf 180 °C vorheizen und 6 Papierförmchen in die Vertiefungen von einem Muffin-Backblech hineinsetzen.

Die dunkle Schokolade in Stücke brechen und im Mikrowellenofen oder in einer Schüssel im heißen Wasserbad schmelzen. Darauf achten, dass der Boden der Schüssel das Wasser nicht berührt. Vom Herd nehmen und etwas auskühlen lassen.

Die Butter und den Zucker in eine Schüssel geben und schaumig rühren. Die Mandeln, das Paniermehl und die Eigelbe mit dem Schneebesen unterrühren. Die geschmolzene, leicht abgekühlte Schokolade hinzufügen.

Die Eiweiße steif schlagen und vorsichtig unter den Teig heben. Den Teig in die Papierförmchen füllen. Etwa 20 Minuten backen, bis die Kuchen schön aufgegangen sind und duften: In der Mitte wölben sie sich ein wenig. Aus den Vertiefungen nehmen und auf einem Gitter auskühlen lassen.

Die Kuchen nach Belieben aus den Papierförmchen lösen und auf ein Gitter stellen.

Für die Glasur die weiße Schokolade in Stücke brechen und in eine Glasschüssel geben. Die Sahne in einem Topf erhitzen. Vom Herd nehmen, sobald sie zu kochen beginnt. Darauf achten, dass sie dabei nicht übersiedet. Heiß über die Schokolade gießen. 5 Minuten stehen lassen, danach zu einer glatten Creme rühren. Auskühlen lassen und dabei von Zeit zu Zeit umrühren. Die Ganache zur Probe über den Rücken eines Löffels fließen lassen: Wenn sie diesen überzieht, ist ihre Konsistenz richtig. Auf keinen Fall in den Kühlschrank stellen, weil sie zu hart würde.

Die fertige Ganache über die Kuchen gießen und auch die Seiten überziehen. Mit überzuckerten Blüten oder nach Belieben mit Schokoladenspänen verzieren. Vor dem Servieren erst fest werden lassen.

SHOW IT THEE

CUP
GOOD NEWS · A HOUSE · LOVE LETTER
ACE · MARRIAGE OFFER · JEWELLERY
KING · FAIR OR GREY HAIRED MAN · WIDOW · A BUSINESS
7-CHANGE FOR THE WORSE.
8-QUARRELS · EVIL LIVING · ILLNESS · SORROW.
9-FAILURE · FINANCIAL OR DOMESTIC
SEPARATION

Aus den Teeblättern die Zukunft lesen

Es liegt mir fern, mich als Spezialistin auf diesem Gebiet auszugeben. Doch ist es eine Beschäftigung, die Ihre Teenachmittage durchaus mit mehr Spannung zu beleben vermag. Vielleicht bietet sich sogar die Gelegenheit, dass Sie Ihr schauspielerisches Talent zur Geltung bringen und Ihre Freunde ein wenig zum Hirten verführen.

Natürlich können Sie da den Teebeutel vergessen. Es braucht einen Tee, der nach allen Regeln der Kunst mit ganzen Teeblättern zubereitet wird. Lassen Sie ihn direkt, das heißt ohne Filter, in der Teekanne ziehen. Dann gießen Sie ihn ohne Sieb in die Tassen, sodass auch die Blätter in die Tassen fließen. Ideal sind hübsche, weite Tassen. Sie erleichtern auch das Lesen.

Bitten Sie die Person, der Sie die Zukunft voraussagen, ihren Tee bis auf einen kleinen Rest auszutrinken. Dabei werden die Blätter auf dem Boden der Tasse zurückbleiben. Sagen Sie der Person, sie solle sich bei Ihrer Frage gut konzentrieren.

Nun fordern Sie sie auf, den kleinen Teerest dreimal im Uhrzeigersinn zu schwenken und die Tasse dabei in der linken Hand zu halten. Kehren Sie die Tasse, mit der Untertasse darunter, um und zählen Sie bis sieben. Dann stellen Sie sie wieder auf, wobei der Henkel in Ihre Richtung schaut. Die Teeblätter bleiben in der Tasse kleben.

Der Henkel symbolisiert das Zuhause und die Gegenwart. Die linke Seite stellt die Vergangenheit und die rechte Seite die Zukunft dar. Die Muster, die sich am Rand der Tasse gebildet haben, beziehen sich auf aktuelle Geschehnisse, während diejenigen auf dem Boden sich auf zukünftige beziehen.

Von nun an nehmen Sie einfach Ihre Fantasie und Ihren Instinkt zu Hilfe, um die Formen der Teeblätter zu entschlüsseln. Gehen Sie auf die Person, der Sie wahrsagen, ein, und konzentrieren Sie sich (oder tun Sie so als ob) und schmücken Sie aus, was Sie in der Zukunft sehen.

Einige Anhaltspunkte:

Kreise symbolisieren die Vermählung.

Tierformen: Giraffe = Problem, Katze = Streit, Verrat oder Enttäuschung, Kuh = Wohlstand, Ziege = Feinde

Krone = Erfolg

Stern = Chance

Marmorierte Schoko-Orangen-Muffins

Diese Muffins lassen sich auf viele Arten verzieren: Sei es einfach nur mit einem Hauch Puderzucker oder, aus den Papierförmchen gelöst, mit einer warmen Schokoladensauce (siehe Seite 150) oder einer Schokokoladen-Orangen-Glasur (siehe Seite 148) und mit Zuckerpailletten (siehe Seite 65).

Für 12 Muffins
Vorbereitungszeit: 45 Minuten
Backzeit: 20 Minuten
Foto: Seite 65

SCHOKOLADENTEIG MIT ORANGE
75 g dunkle Schokolade, zerstückelt
175 g weiche Butter
175 g extrafeiner Zucker
3 Eier
200 g Mehl, vermischt mit
2 gestrichenen TL Backpulver
abgeriebene Schale und Saft von 1 unbehandelten Orange
3 EL Milch

Den Ofen auf 190 °C vorheizen und 12 Papierförmchen in die Vertiefungen von einem Muffin-Backblech hineinsetzen.

Die Schokolade im Mikrowellenofen oder in einer Glasschüssel im heißen Wasserbad schmelzen. Dabei darf der Boden der Schüssel das Wasser nicht berühren.

Die Butter in einer Teigschüssel glatt rühren. Den Zucker, die Eier und das mit dem Backpulver vermischte Mehl hinzufügen. Das Ganze gut verrühren.

Den Teig in zwei Schüsseln verteilen. Die geschmolzene Schokolade zur einen Teighälfte geben und untermengen. Die Schale und den Saft der Orange zur anderen Hälfte geben und untermengen. Die Milch ganz oder zum größten Teil unter den Schokoladenteig rühren. Dabei darauf achten, dass beide Teige die gleiche Konsistenz haben.

Die Teige abwechselnd in die Papierförmchen füllen. Mit einer Messerspitze ein paar Mal darin rühren, damit eine Marmorzeichnung entsteht. Etwa 20 Minuten backen, bis die Muffins schön aufgegangen sind, sich aber noch weich anfühlen. Aus den Backblechen nehmen und auf einem Gitter auskühlen lassen.

18/0 STAINLESS STEEL

Schokoladenschneebälle

Diese Muffins mit schneeweißem Kokos-Sahne-Überzug lassen sich an einem kühlen Ort zwei Tage aufbewahren. Stellen Sie sie jedoch nicht in den Kühlschrank, außer es ist sehr heiß.

Für 12–18 Muffins
Vorbereitungszeit: 45 Minuten
Backzeit: 20 Minuten
Foto: Seite 66–67

SCHOKOLADENTEIG MIT KOKOSMILCH

50 g Kakaopulver
400 g Mehl, vermischt mit
1 Päckchen Backpulver
1 große Prise Salz
225 g Kandisfarin
2 Dosen Kokosmilch à 400 ml
200 ml Sonnenblumenöl

MALIBU-SAHNE-GARNITUR

300 ml Schlagsahne
1–2 EL Puderzucker
2–3 EL Malibu oder ein anderer Kokosnusslikör
frische oder getrocknete Kokosflocken zum Verzieren

Den Ofen auf 180 °C vorheizen und 12–18 Papierförmchen in die Vertiefungen von zwei Muffin-Backblechen hineinsetzen.

In einer Schüssel den Kakao, das mit dem Backpulver gemischte Mehl, das Salz und den Zucker vermischen. In der Mitte eine Vertiefung bilden und die Kokosmilch und das Öl hineingießen. Mit einem Holzlöffel rühren, bis ein glatter Teig entsteht.

Den Teig in die Papierförmchen füllen. Etwa 20 Minuten backen, bis die Kuchen schön aufgegangen sind und auf Fingerdruck noch weich reagieren. Aus den Backblechen nehmen und auf einem Gitter auskühlen lassen.

Für die Garnitur die Sahne mit dem Schneebesen schlagen, bis sich weiße Spitzen bilden. Den Zucker und den Likör hinzufügen und erneut schlagen. Spiralförmig auf die Kuchen auftragen und mit Kokosflocken garnieren.

Schokoladen-Bananen-Muffins

Diese Muffins haben eine verführerische schokobraune Farbe. Den Schokoladenfans empfehle ich die Schokoladen-Buttercreme (siehe Seite 148) als Überzug. Wenn Sie eine weniger intensive Version vorziehen, schlage ich eine Vanille-Zuckerglasur vor oder eine Vanille-Buttercreme (siehe Seite 148). Letztere teile ich häufig in drei Portionen und färbe sie in unterschiedlichen Pastellfarben.

Für 12 Muffins
Vorbereitungszeit: 45 Minuten
Backzeit: 20 Minuten
Foto: Seite 69

SCHOKOLADENTEIG MIT BANANE

130 g weiche Butter
130 g extrafeiner Zucker
3 Eier
130 g Mehl
2 gehäufte EL Kakaopulver
3 reife Bananen
1 gehäufter TL Backpulver

GARNITUR

2 Portionen Schokoladen- oder Vanille-Buttercreme (siehe Seite 148) oder eine Portion Sahnegarnitur (siehe Seite 36)

Den Ofen auf 180 °C vorheizen und 12 Papierförmchen in die Vertiefungen von einem Muffin-Backblech hineinsetzen.

Die Butter, den Zucker, die Eier, das Mehl und den Kakao nacheinander in eine Schüssel geben und schlagen, bis der Teig glatt und ohne Knöllchen ist.

Die Bananen in eine andere Schüssel geben und grob zerdrücken. Das Backpulver darüberstreuen und untermengen. Die Mischung zum Teig in die andere Schüssel geben und unterrühren. Darauf achten, dass die Bananen etwas stückig bleiben.

Den Teig in die Papierförmchen füllen. Etwa 20 Minuten backen, bis die Kuchen schön aufgegangen sind und auf Fingerdruck noch weich reagieren. Aus dem Backblech nehmen und auf einem Gitter auskühlen lassen.

Die Garnitur spiralförmig auf die Kuchen streichen. Gegebenenfalls einen Spritzbeutel verwenden.

Zum Tee

Zarte Cupcakes mit Rosencreme-Frosting

Dieses Rezept ergibt eine Menge kleiner Biskuitkuchen. Weil sie sich nicht lange frisch halten, rate ich, die Hälfte einzufrieren, um sie ein andermal zu genießen. Das Rezept für das Frosting aus Rosen-Buttercreme reicht für die Hälfte der Cupcakes.

Für 24 Cupcakes
Vorbereitungszeit: 45 Minuten
Backzeit: 15–20 Minuten
Foto: Seite 75

NEUTRALE BISKUITMASSE
50 g Mehl
½ TL Backpulver
50 g Maisstärke
40 g Butter
3 große Eier
100 g extrafeiner Zucker

ROSEN-BUTTERCREME
2 Eigelb
175 g weiche Butter
75 g extrafeiner Zucker
Rosensirup (Menge nach Belieben)
rosa Lebensmittelfarbe (nach Belieben)
überzuckerte Rosenblätter zum Garnieren

Den Ofen auf 200 °C vorheizen und 24 Papierförmchen in die Vertiefungen von zwei Törtchenbackblechen (siehe Seite 10) hineinsetzen.

Mehl, Backpulver und Maisstärke vermischen und dreimal sieben. Die Butter in einen Topf geben und bei schwacher Hitze zerlassen. Auskühlen lassen.

Die Eier und den Zucker in eine Glasschüssel geben. Die Schüssel auf einen Topf mit leicht siedendem Wasser stellen, ohne dass der Schüsselboden das Wasser berührt. Eier und Zucker mit dem elektrischen Handrührgerät schlagen, bis sich ihr Volumen verdoppelt und sie einen steifen Schaum bilden, in den man Zeichen schreiben kann. Wer mit einer Küchenmaschine arbeitet, schlägt die Mischung in der Schüssel der Küchenmaschine steif.

Die Hälfte des Mehls über die Masse streuen und mit einem Metalllöffel oder einem Spatel aus Kunststoff vorsichtig unterheben.

Die Hälfte der zerlassenen Butter darübergießen und einarbeiten. Nach und nach das restliche Mehl und die restliche Butter behutsam untermengen. Den Teig in die Papierförmchen füllen und 15–20 Minuten backen, bis die Kuchen schön aufgegangen sind und auf Fingerdruck noch weich reagieren. Aus den Vertiefungen nehmen und auf einem Gitter auskühlen lassen.

Für das Rosencreme-Frosting die Eigelbe in eine Schüssel geben und kurz verschlagen. Die weiche Butter in eine andere Schüssel geben und mit einem Holzlöffel glatt rühren.

Den Zucker mit 60 ml Wasser in einen kleinen, beschichteten Topf geben und bei schwacher Hitze erwärmen, bis sich der Zucker aufgelöst hat. Zum Sieden bringen und kochen lassen, bis der Sirup 107 °C auf dem Zuckerthermometer erreicht.

Den Sirup über die Eigelbe gießen und dabei kräftig schlagen. Weiterschlagen, bis die Mischung dick und kalt geworden ist. Die glatt gerührte Butter, den Rosensirup und die Lebensmittelfarbe (nach Belieben) untermengen.

Die Rosen-Buttercreme auf die Cupcakes streichen und mit überzuckerten Rosenblättern verzieren.

STAMPS
Holly

6.1.59.

Apfel-Heidelbeer-Cupcakes

Für 24 Cupcakes
Vorbereitungszeit: 45 Minuten
Backzeit: 20 Minuten
Foto: Seite 76–77

RÜHRTEIG MIT ÄPFELN UND HEIDELBEEREN
200 g weiche Butter
250 g extrafeiner Zucker
3 große Eier
ein paar Tropfen Vanilleextrakt
250 g Mehl, vermischt mit
2½ TL Backpulver
50 g fein gemahlene Mandeln
450 g Äpfel
100 g Heidelbeeren
2 EL Milch

GARNITUR (FROSTING)
150 g Sahnefrischkäse (wie beispielsweise Philadelphia oder Saint Môret)
1 TL Vanilleextrakt
1 Spritzer Zitronensaft
1–2 EL Puderzucker
tiefgekühlte Heidelbeeren zum Garnieren

Den Ofen auf 180 °C vorheizen und 24 Papierförmchen in die Vertiefungen von zwei Muffin-Backblechen hineinsetzen.

In einer Schüssel die Butter schaumig rühren. Den Zucker, das Vanilleextrakt, die Eier, das mit Backpulver vermischte Mehl und die Mandeln hinzufügen und alles gut vermengen.

Die Äpfel schälen und klein würfeln. Mit den Heidelbeeren zum Teig geben und untermengen. Genügend Milch dazugießen, damit die Masse nicht zu fest wird.

Den Teig in die Papierförmchen füllen. Etwa 20 Minuten backen, bis die Kuchen schön aufgegangen sind und auf Fingerdruck noch weich reagieren. Aus den Vertiefungen nehmen und auf einem Gitter auskühlen lassen.

Für das Frosting den Frischkäse in eine Schüssel geben und glatt rühren. Das Vanilleextrakt, den Zitronensaft und den Puderzucker hinzufügen. Kräftig rühren, damit sich alle Zutaten gut verbinden. Spiralförmig auf die Kuchen auftragen oder auch einfach mit einem Löffel daraufstreichen. Mit tiefgekühlten Heidelbeeren verzieren.

Bunt garnierte Mini-Muffins

Diese kleinen Kuchen passen ideal zu Ihrem alten Teegeschirr und zu einem eleganten Anlass. Glasuren in den Farben Grün, Blau oder Blassrosa kommen am besten zur Geltung.

Für 36 Mini-Muffins
Vorbereitungszeit: 45 Minuten
Backzeit: 8–10 Minuten
Foto: Seite 79

RÜHRTEIG MIT MANDELN
125 g weiche Butter
125 g extrafeiner Zucker
2 Eier
125 g Mehl, vermischt mit
1½ gestrichenen TL Backpulver
50 g fein gemahlene Mandeln
½ TL Mandelaroma
3 EL Milch

BUNTE GARNITUREN (FROSTINGS)
130 g weiche Butter
260 g Puderzucker
2 TL Zitronensaft
Lebensmittelfarbe und Zuckerdekor zum Garnieren

Den Ofen auf 180 °C vorheizen und 36 Mini-Papierförmchen in die Vertiefungen von drei Mini-Muffin-Backblechen hineinsetzen.

Alle Zutaten für die Kuchen nacheinander in eine Schüssel geben und gut verrühren. Den Teig in die Papierförmchen füllen. 8–10 Minuten backen, bis die Kuchen schön aufgegangen sind und auf Fingerdruck noch weich reagieren. Aus den Backblechen nehmen und auf einem Gitter auskühlen lassen.

Die Butter für die Garnitur in eine Schüssel geben und glatt rühren. Den Puderzucker und den Zitronensaft hinzufügen. Rühren, bis die Masse fest genug ist, um durch eine Spritztülle gestrichen zu werden.

Die Garnitur in vier kleine Schüsseln verteilen und jeweils nur so viel Lebensmittelfarbe dazugeben, dass pastellfarbene Mischungen entstehen. In einen Spritzbeutel mit gezackter Tülle füllen und rosettenförmig auf die Kuchen spritzen. Mit Zuckerblüten, -bonbons oder -kügelchen bunt verzieren.

100% sweet 100% sweet
100% sweet 100% sweet

Ingwer-Muffins

Servieren Sie diese Kuchen natur oder mit einer Zuckerglasur und mit essbaren Blüten verziert.

Für 24 Muffins
Vorbereitungszeit: 35 Minuten
Backzeit: 15 Minuten
Foto: Seite 80–81

RÜHRTEIG MIT GEWÜRZEN

110 g Melasse
110 g Golden Syrup (in Feinkostläden mit britischen und amerikanischen Spezialitäten erhältlich), ersatzweise Getreidesirup
280 ml Milch
80 g Muscovado-Zucker oder feiner Rohrohrzucker
230 g Mehl
1 TL Backpulver
1 TL Natron
1 TL Vier-Gewürze-Pulver
1 TL Zimtpulver
1 TL Ingwerpulver
1 Ei

Den Ofen auf 180 °C vorheizen und 24 Papierförmchen in die Vertiefungen von zwei Törtchenbackblechen (siehe Seite 10) hineinsetzen.

Die Melasse und den Sirup in einen kleinen Topf geben und bei schwacher Hitze erwärmen, damit sich die beiden vermischen.

In einem anderen Topf, und ebenfalls bei schwacher Hitze, die Milch mit dem Zucker erwärmen, bis sich der Zucker aufgelöst hat. Auskühlen lassen.

Das Mehl mit dem Backpulver, dem Natron und den Gewürzen in eine Schüssel sieben. Die süße Milch, die Melasse-Sirup-Mischung und das Ei hinzufügen. Alles gut verrühren. Den Teig in die Papierförmchen füllen und etwa 15 Minuten backen, bis die Kuchen ein wenig aufgegangen sind und auf Fingerdruck noch weich reagieren. Aus den Backblechen nehmen und auf einem Gitter auskühlen lassen.

Cupcake-Dreierlei

Für 18 Cupcakes
Vorbereitungszeit: 45 Minuten
Backzeit: 15 Minuten
Foto: Seite 83

RÜHRTEIG MIT DREIERLEI AROMEN

150 g sehr weiche Butter
150 g extrafeiner Zucker
3 Eier
150 g Mehl, vermischt mit 1½ gestrichenen TL Backpulver
1–2 EL Milch
fein abgeriebene Schale von ½ Zitrone
1 EL Kakaopulver
ein paar Tropfen Mandelaroma

MANDEL-, ZITRONEN- UND KAKAOGLASUREN

200 g Puderzucker
fein abgeriebene Schale von 1 Zitrone
gelbe Lebensmittelfarbe (nach Belieben)
1 EL Kakaopulver, gesiebt
ein paar Tropfen Mandelaroma
Esspapierblumen, überzuckerte Rosenblätter, Schokoladenspäne zum Garnieren

Den Ofen auf 180 °C vorheizen und 18 Papierförmchen in die Vertiefungen von zwei Törtchenbackblechen (siehe Seite 10) hineinsetzen.

Die Butter in einer Schüssel schaumig rühren. Den Zucker, die Eier und das mit dem Backpulver vermischte Mehl hinzufügen. Das Ganze zu einem homogenen und cremigen Teig rühren. Diesen in drei Schüsseln verteilen. In die erste Schüssel die Zitronenschale und etwas Milch hinzufügen. Das Kakaopulver mit ein wenig Milch verrühren und unter den Teig in der zweiten Schüssel mengen. Bei Bedarf noch etwas Milch dazugießen. Das Mandelaroma und ein wenig Milch zum Teig in der dritten Schüssel geben.

Die drei Teige in die Papierförmchen füllen. Etwa 15 Minuten backen, bis die Cupcakes schön aufgegangen sind. Aus den Backblechen nehmen und auf einem Gitter auskühlen lassen.

Den Puderzucker für die Glasuren in eine Schüssel sieben. Etwas Wasser hinzufügen, zu einer dicken Paste verrühren. Diese in drei Schüsseln verteilen: In die erste Schüssel die Zitronenschale und nach Belieben etwas gelbe Lebensmittelfarbe geben; in die zweite Schüssel den Kakao und etwas Wasser; in die dritte das Mandelaroma. Die Glasuren auf die Kuchen streichen und nach Lust und Laune verzieren. Vor dem Servieren erst trocknen lassen.

Sal de thé

Birnen-Cassis-Cupcakes mit Streuseln

Den Streuselbelag können Sie durch zerriebenes Sandteiggebäck und das Obst durch fein gewürfelte Äpfel und Brombeeren ersetzen. Die Streusel lassen sich sehr gut tiefkühlen. Diese Cupcakes schmecken noch leicht warm und mit einem Vanilleeis oder leicht geschlagener Sahne serviert einfach köstlich.

Für 24 Cupcakes
Vorbereitungszeit: 45 Minuten
Backzeit: 16–21 Minuten
Foto: Seite 87

RÜHRTEIG MIT BIRNEN UND SCHWARZEN JOHANNISBEEREN

2 kleine reife Birnen, geschält und fein gewürfelt
1 Handvoll Schwarze Johannisbeeren (frisch oder tiefgekühlt)
2 EL extrafeiner Zucker
125 g sehr weiche Butter
125 g hausgemachter Vanillezucker (siehe Seite 14) oder Kandisfarin
2 Eier
125 g Mehl, vermischt mit
1½ gestrichenen TL Backpulver

STREUSELBELAG

30 g Butter
60 g Mehl
20 g Puderzucker, zusätzlich noch etwas zum Bestäuben

Den Ofen auf 190 °C vorheizen und 24 Papierförmchen in die Vertiefungen von zwei Törtchenbackblechen (siehe Seite 10) hineinsetzen.

Die Birnen mit den Johannisbeeren und dem extrafeinen Zucker vermengen und zur Seite stellen.

Die Butter in einer Schüssel schaumig rühren. Den Zucker, die Eier und das mit dem Backpulver vermischte Mehl hinzufügen und das Ganze zu einem homogenen, cremigen Teig rühren.

Den Teig in die Papierförmchen füllen und 6 Minuten backen.

Inzwischen den Streuselbelag zubereiten: Die Butter und das Mehl in eine Schüssel geben. Mit den Fingerspitzen zu einem bröseligen Teig zerreiben. Den Zucker und etwas kaltes Wasser hinzufügen und das Ganze erneut zerreiben, bis Streusel entstehen. Kalt stellen.

Die Cupcakes aus dem Ofen nehmen und die Früchtemischung und die Streusel schnell darauf verteilen. Weitere 10–15 Minuten backen, bis der Belag goldbraun ist. Aus den Vertiefungen nehmen und auf einem Gitter ein wenig auskühlen lassen. Noch warm mit Puderzucker bestäubt servieren.

Cupcakes mit Orangenblütenglasur

Diese eleganten kleinen Kuchen, die so frühlingshaft wirken, verdanke ich der Inspiration meiner Freundin Ally. Zum Dekorieren eignen sich überzuckerte Blüten oder andere zarte, süße Verzierungen. Die angegebenen Mengen reichen für eine Menge Cupcakes. Doch können Sie problemlos die Hälfte des Teigs einfrieren und für ein anderes Mal aufbewahren.

Für 24 Cupcakes
Vorbereitungszeit: 35 Minuten
Backzeit: 15 Minuten
Foto: Seite 89

NEUTRALE BISKUITMASSE
3 große Eier
100 g extrafeiner Zucker
100 g Mehl

ORANGENBLÜTENGLASUR
350 g Puderzucker
Saft von 1–2 Orangen
1 TL Orangenblütenwasser
überzuckerte Blüten (siehe Seite 16) oder anderes Zuckerdekor

Den Ofen auf 200 °C vorheizen und 24 Papierförmchen in die Vertiefungen von drei Törtchenbackblechen (siehe Seite 10) hineinsetzen.

Die Eier und den Zucker in eine Glasschüssel geben. Auf einen Topf mit leicht siedendem Wasser stellen, ohne dass der Boden der Schüssel das Wasser berührt. Mit dem elektrischen Handrührgerät die Masse so lange schlagen, bis sie ihr Volumen verdoppelt hat. Zur Probe Zeichen in den steifen Schaum schreiben.

Die Schüssel vom Topf nehmen und die Masse weiterschlagen, bis sie nur noch lauwarm ist. Die Hälfte des Mehls hineinsieben und mit einem Metalllöffel oder einem Spatel aus Kunststoff vorsichtig unterheben. Das restliche Mehl auf gleiche Weise dazugeben.

Den Teig möglichst schnell in die Papierförmchen füllen und etwa 15 Minuten backen, bis die Cupcakes schön aufgegangen und hellbraun sind. Auf Fingerdruck sollen sie noch weich reagieren. Aus den Backblechen nehmen und auf einem Gitter auskühlen lassen.

Den Zucker für die Glasur in eine Schüssel sieben und so viel Orangensaft hinzufügen, dass eine dickliche Paste entsteht. Das Orangenblütenwasser und falls nötig noch etwas Orangensaft unterrühren. Die Glasur auf die Cupcakes streichen und beliebig mit überzuckerten Blüten oder Zuckerdekor verzieren.

VARIANTE
Diese Cupcakes können Sie auch in Backblechen für Mini-Muffins backen (rund 48 Kuchen) und sie bei einer Party servieren. Ihre mundgerechte Größe und leichte Konsistenz macht sie zum idealen Gebäck für solche Gelegenheiten. Der Duft von Orangenblüten ist besonders verführerisch. Und die Verzierungen erst! So hübsche Backwerke wirken einfach inspirierend: Im Sommer können Sie überzuckerte Blüten oder Himbeeren verwenden; im Winter stellen Sie Schokoladenblätter her (siehe Seite 19). Für einen festlichen Anlass oder Weihnachten beispielsweise verzieren Sie die Schokoladenblätter noch mit edlem Blattgold.

Himbeer-Cupcakes

Diese Kuchen mit einem Frosting aus Vanille-Buttercreme schmecken frisch am besten.

Für 18 Cupcakes
Vorbereitungszeit: 35 Minuten
Backzeit: 15 Minuten
Foto: Seite 91

RÜHRTEIG MIT HIMBEEREN
125 g sehr weiche Butter
125 g hausgemachter Vanillezucker (siehe Seite 14) oder Kandisfarin
2 Eier
1 EL Milch
125 g Mehl, vermischt mit
1 ½ gestrichenen TL Backpulver
1 Handvoll frische Himbeeren und zusätzlich noch ein paar Beeren zum Garnieren

VANILLE-BUTTERCREME
200 g weiche Butter
200 g Puderzucker
1 EL Milch, nach Belieben auch mehr
1 TL Vanilleextrakt
weiße Schokoladenspäne zum Garnieren

Den Ofen auf 180 °C vorheizen und 18 Papierförmchen in die Vertiefungen von zwei Törtchenbackblechen (siehe Seite 10) hineinsetzen.

Die Butter in einer Schüssel glatt rühren. Mit dem Zucker und den Eiern schaumig rühren, dann die Milch und das mit Backpulver vermischte Mehl hinzufügen. Das Ganze zu einem homogenen, cremigen Teig rühren. Die Himbeeren unterziehen.

Den Teig in die Papierförmchen füllen. Etwa 15 Minuten backen, bis die Kuchen schön aufgegangen und goldbraun sind. Aus den Backblechen nehmen und auf einem Gitter auskühlen lassen.

Die Butter für die Buttercreme in eine Schüssel geben und glatt rühren. Den Puderzucker und genügend Milch hinzufügen, sodass eine luftige Creme entsteht. Das Vanilleextrakt unterrühren. Die Creme mit einem Spritzbeutel spiralförmig auf die Cupcakes auftragen. Mit Himbeeren und weißen Schokoladenspänen verzieren.

Cupcakes mit Lemon-Curd- und Mascarpone-Füllung

Hausgemachte Lemon Curd schmeckt natürlich am besten. Doch um ehrlich zu sein, gehen manche Tage einfach zu schnell vorüber, als dass man überall perfekt sein könnte. Wenn Sie also keine Heinzelmännchen haben, besorgen Sie sich eine Lemon Curd von guter Qualität und mischen etwas abgeriebene Zitronenschale darunter. Das verleiht ihr den fehlenden Schliff.

Für 18 Cupcakes
Vorbereitungszeit: 35 Minuten
Backzeit: 15 Minuten
Foto: Seite 91

RÜHRTEIG MIT ZITRONE
110 g sehr weiche Butter
110 g extrafeiner Zucker
2 Eier
fein abgeriebene Schale von 1 großen Zitrone
1 EL Milch, falls nötig auch etwas mehr
110 g Mehl, vermischt mit
1½ gestrichenen TL Backpulver

LEMON-CURD- UND MASCARPONEFÜLLUNG
1 Becher Mascarpone
1 Portion Lemon Curd (siehe Seite 150)
Puderzucker zum Bestäuben

Den Ofen auf 180 °C vorheizen und 18 Papierförmchen in die Vertiefungen von zwei Törtchenbackblechen (siehe Seite 10) hineinsetzen.

Die Butter in eine Schüssel geben und glatt rühren. Mit dem Zucker und den Eiern schaumig rühren, dann die Milch und das mit Backpulver vermischte Mehl hinzufügen. Das Ganze zu einem homogenen, cremigen Teig rühren. Zur Probe einen Löffel Teig hochhalten und leicht auf den Stiel schlagen. Wenn der Teig nur schwer vom Löffel fällt, noch etwas Milch einrühren. Die Probe wiederholen.

Den Teig mit zwei Teelöffeln in die Papierförmchen füllen. Etwa 15 Minuten backen, bis die Cupcakes schön aufgegangen und goldbraun sind. Aus den Backblechen nehmen und auf einem Gitter auskühlen lassen.

Vor dem Servieren die obere Kuchenschicht als Deckel wegschneiden. Je einen Löffel Mascarpone und einen Löffel Lemon Curd auf die Cupcakes geben und die Deckel wieder aufsetzen. Mit Puderzucker bestäuben.

Duftende Lavendel-Cupcakes

Pflanzen Sie Lavendel in Ihren Garten und verwenden Sie ihn zum Aromatisieren und Verzieren Ihrer Desserts. Sein zarter Duft kann Wunder bewirken. Achten Sie jedoch darauf, dass die Blüten sauber und ungespritzt sind.

Für 12 oder 24 Cupcakes
Vorbereitungszeit: 45 Minuten
Backzeit: 15–20 Minuten (je nach Größe der verwendeten Formen)
Foto: Seite 95

BISKUITMASSE MIT LAVENDEL

100 g hausgemachter Vanille- oder Lavendelzucker (siehe Seite 14)
1 großes Ei
2 EL Joghurt natur (3,5 %)
60 ml Sonnenblumen- oder Traubenkernöl
100 g Mehl
¼ TL Backpulver
¼ TL Natron
1 Prise Salz
1 TL frische Lavendelblüten und zusätzlich noch ein paar Blüten zum Verziehren
1 Portion Zucker- oder Fondantglasur (siehe Seite 148)

Den Ofen auf 180 °C vorheizen und 12 Papierförmchen in die Vertiefungen eines Muffin-Backblechs oder 24 Papierförmchen in die Vertiefungen von zwei Törtchenbackblechen (siehe Seite 10) hineinsetzen.

Den Zucker und die Eier in eine große Schüssel geben. Mit dem elektrischen Handrührgerät zu einem festen, weißen Schaum schlagen. Probehalber die Schneebesen hochziehen: Wenn sie Abdrücke hinterlassen, ist die Konsistenz richtig. (Zur Probe lassen sich auch Zeichen in den Schaum schreiben.)

Den Joghurt unterrühren. Nach und nach das Öl unter kräftigem Rühren dazugießen. Das Mehl zusammen mit Backpulver, Natron und Salz sieben und unter den Teig heben. Diesen rühren, bis er glatt und ohne Knöllchen ist. Den Lavendel unterheben.

Den Teig in eine Kanne füllen und aus dieser in die Papierförmchen gießen. 15–20 Minuten backen, bis die Kuchen schön aufgegangen sind und auf Fingerdruck noch weich reagieren. Aus den Vertiefungen nehmen und auf einem Gitter auskühlen lassen.

Die ausgekühlten Cupcakes mit Zucker- oder Fondantglasur überziehen und mit Lavendelblüten bestreuen.

Für Kinder

CAK
HANDLE W
984

Erdbeer-Cupcakes Holly Dolly

Dieses Rezept habe ich mir für meine Tochter ausgedacht, die Kuchen mit Erdbeeren und Schokolade besonders liebt. Gewöhnlich verwende ich Pastillen von Milchschokolade oder weißer Schokolade. Neulich jedoch entdeckte ich weiße Schokoladepastillen mit Erdbeergeschmack, was den Cupcakes eine spezielle Note gibt.

Für 8–12 Cupcakes
Vorbereitungszeit: 45 Minuten
Backzeit: 15–20 Minuten
Foto: Seite 99 (Mitte)

ERDBEERCOULIS
250 g frische Erdbeeren
2 EL Puderzucker
1 Spritzer Zitronensaft

RÜHRTEIG MIT SCHOKOLADE
150 g sehr weiche Butter
150 g extrafeiner Zucker
2 Eier
1 TL Vanilleextrakt
200 g Mehl, vermischt mit
1½ TL Backpulver
etwas Milch
80 g Schokoladenpastillen

BUTTERCREME-FROSTING MIT ERDBEEREN
100 g weiche Butter
200 g Puderzucker
8–12 besonders schöne Erdbeeren zum Garnieren

Den Ofen auf 190 °C vorheizen und 8–12 Papierförmchen in die Vertiefungen eines Muffin-Backblechs hineinsetzen.

Für die Coulis die Erdbeeren im Mixer pürieren und durch ein Sieb passieren, um die Kerne zu entfernen. (Letzteres ist nicht unbedingt nötig, erbringt aber ein feineres Püree.) Zucker und Zitronensaft hinzufügen.

Die Butter in eine Schüssel geben und glatt rühren. Den Zucker hinzufügen und das Ganze schaumig rühren. Die Eier nacheinander dazugeben und gut verrühren. Das Vanilleextrakt hinzufügen. Das Mehl sieben und durch das Mehlsieb zu den anderen Zutaten geben. Mit einem Metalllöffel einarbeiten. Etwas Milch dazugießen, sodass ein glatter Teig entsteht, der bei der Probe leicht vom Löffel fällt. Die Schokoladenpastillen untermengen.

Mithilfe von zwei Teelöffeln je einen Teelöffel Teig in die Papierförmchen geben. Einen Teelöffel Erdbeer-Coulis darübergießen und diese wieder mit Teig zudecken. Die restliche Coulis für die Glasur aufbewahren. Mit einer Messerspitze den Teig und die Coulis in den Förmchen vermischen.

15–20 Minuten backen, bis die Cupcakes schön aufgegangen und goldbraun sind. Aus dem Backblech nehmen und auf einem Gitter auskühlen lassen.

Für das Buttercreme-Frosting die Butter in eine Schüssel geben und glatt rühren. Den Zucker hinzufügen und das Ganze schaumig rühren. Erdbeercoulis (etwa zwei Esslöffel) unterrühren, sodass eine leichte, luftige Creme entsteht.

Das Frosting auf die Kuchen streichen und mit den schönen, frischen Erdbeeren garnieren. Die restliche Coulis nach Belieben darübergießen.

Sahne-Schokoladen-Cupcakes

Für 24–30 Cupcakes
Vorbereitungszeit: 45 Minuten
Backzeit: 15–20 Minuten
Foto: Seite 99 (rechts)

CREMIGER BISKUITTEIG MIT SCHOKOLADE

5 Schokoladenplätzchen
200 g Milchschokolade, gehackt
200 g hausgemachter Vanillezucker (siehe Seite 14) oder extrafeiner Zucker
2 Eier
4 gehäufte EL Crème fraîche
120 ml Sonnenblumen- oder Traubenkernöl
200 g Mehl
2 TL Kakaopulver
½ TL Backpulver
1 große Prise Salz

GARNITUR (FROSTING)

1½ Portionen Vanille- oder Schokoladen-Buttercreme (siehe Seite 148)
Zuckerstreusel oder andere Verzierungen nach Wahl

Den Ofen auf 180 °C vorheizen und 24–30 Papierförmchen in die Vertiefungen von zwei oder drei Törtchenbackblechen (siehe Seite 10) hineinsetzen.

Die Plätzchen nicht allzu fein zerbröseln und in die Papierförmchen streuen. Die Schokolade in eine Glasschüssel geben und im Mikrowellenofen oder heißen Wasserbad schmelzen. (Darauf achten, dass der Boden der Schüssel das Wasser nicht berührt.) Etwas auskühlen lassen.

Den Zucker und die Eier in eine andere Schüssel geben und mit dem elektrischen Handrührgerät zu einem dicken, weißen Schaum schlagen. Zur Probe die Schneebesen hochziehen: Wenn sie einen Abdruck hinterlassen, ist die Konsistenz richtig. (Oder probehalber Zeichen in den Schaum schreiben.) Die Crème fraîche unterrühren und nach und nach das Öl unter stetigem Rühren hinzufügen. Die geschmolzene Schokolade einarbeiten.

Das Mehl zusammen mit dem Backpulver, Kakaopulver und Salz sieben und unter die Masse heben. Den Teig rühren, bis er glatt und ohne Knöllchen ist.

Den Teig in eine Kanne umfüllen und in die Papierförmchen gießen. 15–20 Minuten backen, bis die Kuchen schön aufgegangen sind und auf Fingerdruck noch weich reagieren. Aus dem Backblech nehmen und auf einem Gitter auskühlen lassen.

Die Buttercreme spiralförmig auf die Kuchen streichen, nach Belieben einen Spritzbeutel benützen. Nach Lust und Laune verzieren.

Marmor-Cupcakes à la Straciatella

Diese Kuchen schmecken noch besser, wenn die Schokoladenglasur noch etwas weich ist.

Für 18 Cupcakes
Vorbereitungszeit: 45 Minuten
Backzeit: 15–20 Minuten
Foto: Seite 99 (rechts)

RÜHRTEIG MIT SCHOKOLADENSPLITTERN

130 g sehr weiche Butter
130 g extrafeiner Zucker
2 Eier
1 TL Vanilleextrakt
130 g Mehl, vermischt mit
1½ gestrichene TL Backpulver
2 EL Milch, falls nötig auch etwas mehr
2 gehäufte EL Kakaopulver
2 gehäufte EL Schokoladensplitter

SCHOKOLADENGLASUR

250 g Milchschokolade, klein zerstückelt
Schokoladenpastillen zum Garnieren

Den Ofen auf 180 °C vorheizen und 18 Papierförmchen in die Vertiefungen von zwei Törtchenbackblechen (siehe Seite 10) hineinsetzen.

Die Butter in einer Schüssel glatt rühren. Mit dem Zucker und den Eiern schaumig rühren, dann die Milch und das mit Backpulver vermischte Mehl hinzufügen. Das Ganze zu einem homogenen, cremigen Teig rühren.

Die Hälfte des Teigs in eine andere Schüssel geben. Den Kakao und die Schokoladensplitter hinzufügen. Etwas Milch unterrühren, bis der Teig bei der Probe leicht vom Löffel fällt.

Mithilfe von zwei Teelöffeln abwechselnd neutralen Teig und Schokoladenteig in die Papierförmchen füllen. Mit einer Messerspitze umrühren, damit ein Marmormuster entsteht. 15–20 Minuten backen, bis die Kuchen schön aufgegangen und goldbraun sind. Aus den Backblechen nehmen und auf einem Gitter auskühlen lassen.

Die Schokolade für die Glasur schmelzen und über die Kuchen gießen. Mit Schokoladenpastillen dekorieren. Ein wenig antrocknen lassen, jedoch servieren, bevor die Glasur hart geworden ist.

Feenkuchen

Als ich klein war, bereitete meine Mutter diese Cupcakes für mich zu. Wir Kinder nannten sie damals „fairy cakes", Feenkuchen. Sie können sie mit Süßigkeiten Ihrer eigenen Wahl verzieren. Meine Mutter jedoch hatte eine Vorliebe für bunte Zuckerstreusel, silberne Perlen und farbige Bonbons.

Meine Tochter ist versessen auf Cupcakes, die unter Bergen von Bonbons begraben liegen. Ich brauche wohl kaum anzufügen, dass da jeglicher Minimalismus daneben wäre. Am besten schmecken diese Kuchen, wenn die Glasur noch ein wenig klebrig ist.

Für 18 Cupcakes
Vorbereitungszeit: 20 Minuten
Backzeit: 15 Minuten
Foto: Seite 98 (Mitte rechts)

NEUTRALER RÜHRTEIG
130 g sehr weiche Butter
130 g extrafeiner Zucker
2 Eier
½ TL Vanilleextrakt
130 g Mehl, vermischt mit
1½ gestrichenen TL Backpulver
1 EL Milch, falls nötig auch etwas mehr

GLASUR UND DEKOR
Zuckerglasur (siehe Seite 148)
Bunte Bonbons

Den Ofen auf 180 °C vorheizen und 18 Papierförmchen in die Vertiefungen von zwei Törtchenbackblechen (siehe Seite 10) hineinsetzen.

Die Butter in eine Schüssel geben und glatt rühren. Mit dem Zucker und den Eiern schaumig rühren, dann die Milch und das mit Backpulver vermischte Mehl hinzufügen. Das Ganze zu einem homogenen, cremigen Teig rühren. Bei Bedarf noch etwas Milch dazugeben: Der Teig soll bei der Probe leicht vom Löffel fallen.

Den Teig mit zwei Teelöffeln in die Papierförmchen füllen. Etwa 15 Minuten backen, bis die Kuchen schön aufgegangen und goldbraun sind. Aus den Backblechen nehmen und auf einem Gitter auskühlen lassen.

Die Kuchen mit Zuckerglasur überziehen und nach Belieben mit Süßigkeiten verzieren.

VARIANTE
Sie können auch „Schmetterlingskuchen" herstellen. Dafür schneiden Sie die oberste Kuchenschicht als dünne Scheibe weg und halbieren diese. Geben Sie auf jeden Kuchen etwas Vanille-Buttercreme (siehe Seite 148) und stecken Sie die Scheibenhälften so hinein, dass sie wie Schmetterlingsflügel (siehe Seite 55) aussehen. Fügen Sie nach Belieben noch etwas Konfitüre hinzu und bestäuben Sie das Ganze reichlich mit Puderzucker.

Himmlische Heidelbeer-Cupcakes

Für 24–30 Cupcakes
Vorbereitungszeit: 45 Minuten
Backzeit: 15–20 Minuten
Foto: Seite 98 (rechts)

BISKUITTEIG MIT HEIDELBEEREN
200 g hausgemachter Vanillezucker (siehe Seite 14) oder extrafeiner Zucker
2 Eier
fein abgeriebene Schale von 1 Orange
4 gehäufte EL Crème fraîche
120 ml Sonnenblumen- oder Traubenkernöl
200 g Mehl
½ TL Backpulver
½ TL Natron
1 große Prise Salz
100 g Heidelbeeren

GARNITUR (FROSTING)
100 g weiche Butter
200 g Puderzucker
2 gehäufte EL Crème fraîche
1 TL Vanilleextrakt
blaue Lebensmittelfarbe
gefärbter Zucker zum Bestäuben

Den Ofen auf 180 °C vorheizen und 24–30 Papierförmchen in die Vertiefungen von zwei oder drei Törtchenbackblechen (siehe Seite 10) hineinsetzen.

Den Zucker und die Eier in eine Schüssel geben. Mit dem elektrischen Handrührgerät zu einem festen, weißen Schaum rühren. Zur Probe die Schneebesen hochziehen: Wenn sie einen Abdruck hinterlassen, ist die Konsistenz richtig. (Oder probehalber Zeichen in den Schaum schreiben.) Die abgeriebene Orangenschale und die Crème fraîche unter starkem Rühren hinzufügen. Nach und nach das Öl dazugießen und dabei stetig rühren.

Mehl, Backpulver, Natron und Salz sieben und unter die Masse heben. Das Handrührgerät laufen lassen, bis ein glatter Teig entsteht. Diesen in eine Kanne füllen und die Heidelbeeren unterziehen.

Den Teig in die Papierförmchen gießen und diese gut füllen. 15–20 Minuten backen, bis die Kuchen schön aufgegangen sind und auf Fingerdruck noch weich reagieren. Aus den Backblechen nehmen und auf einem Gitter auskühlen lassen.

Die Butter und den Puderzucker für die Glasur in eine Schüssel geben und mit dem elektrischen Handrührgerät schaumig rühren. Die Crème fraîche und danach das Vanilleextrakt unter stetigem Rühren hinzufügen. Etwas blaue Lebensmittelfarbe dazugeben. Die Creme spiralförmig auf die Kuchen streichen; nach Belieben einen Spritzbeutel zu Hilfe nehmen. Mit gefärbtem Zucker bestäuben.

Frühstücks-Muffins

Dieses Rezept habe ich für meine Freundin Riley erfunden. Sie wünschte sich Muffins, die sie in die Pausenbrotbox ihrer Kinder legen konnte, wenn diese keine Zeit für ihr Frühstück hatten. Unsere gemeinsame Freundin Fiona, eine bekannte Ernährungsberaterin, bestätigte mir, dass es sich um ein gesundes Rezept handelt: Es enthält Ballaststoffe, essenzielle Fettsäuren und Vitamin E und dazu nur knappe 125 Kalorien je Stück. Das Rezept eignet sich also auch für Eltern, die auf ihre Linie achten. Reichen Sie etwas Obst oder einen Fruchtsaft dazu, und Ihre Kinder werden bis zur Mittagszeit satt sein.

Für 18 Muffins
Vorbereitungszeit: 20 Minuten
Backzeit: 15 Minuten
Foto: Seite 98 (links)

VOLLKORNTEIG MIT FRÜHSTÜCKSFLOCKEN
130 g Vollkornmehl
150 g kleine Haferflocken
1 EL Kürbiskerne
1 EL Sesamsamen
1 El Sonnenblumenkerne
50 g getrocknete Beeren oder klein geschnittene Trockenfrüchte (Cranberries, Heidelbeeren, Erdbeeren, Kirschen, Aprikosen)
80 g feiner Rohrohrzucker
100 g weiche Butter
2–3 TL Backpulver
3 EL Milch
2 große Eier

ZUM SERVIEREN (NACH BELIEBEN)
flüssiger Honig oder Ahornsiurp
Sesamsamen zum Bestreuen

Den Ofen auf 180 °C vorheizen und 18 Papierförmchen in die Vertiefungen von zwei Törtchenbackblechen (siehe Seite 10) hineinsetzen.

Alle Zutaten in eine Schüssel geben und gut vermengen. 2 Minuten kräftig rühren und den Teig in die Papierförmchen füllen. 10–15 Minuten backen.

Am besten schmecken diese Muffins frisch aus dem Ofen. Wobei ich nur wenige Eltern kenne, die sofort nach dem Aufstehen Zeit zum Backen finden. Die Kuchen lassen sich jedoch gut tiefkühlen und für solche Tage aufsparen, wo Sie es besonders eilig haben. Zum Mitnehmen als Pausenbrot bleiben sie natur, um nicht zu kleben, zum Servieren zu Hause schmecken sie gut mit etwas flüssigem Honig oder Ahornsirup überzogen und mit Sesamsamen bestreut.

Caramellos

Diese Cupcakes sind wie gemacht für junge Leute: kleine Kuchen mit Vanille, Karamell und Schokolade und als Dekor ein Sahnehäubchen mit Karamellsauce, Mandelblättchen, Schokolade und … mit Kalorien. Ach, wie schön ist es doch, jung und dünn wie eine Bohnenstange zu sein und essen zu können, so viel man nur will! Die Karamellsauce können Sie nach dem Rezept auf Seite 128 zubereiten oder Sie verwenden einfach Milchkaramell aus der Dose.

Für 12 Cupcakes
Vorbereitungszeit: 45 Minuten
Backzeit: 20 Minuten
Foto: Seite 98 (Mitte links)

SCHOKO-KARAMELL-TEIG
150 g sehr weiche Butter
150 g extrafeiner Zucker
2 Eier, verquirlt
1 TL Vanilleextrakt
200 g Mehl, vermischt mit
1 TL Backpulver
125 g Milchschokolade, grob gehackt
etwas Milch
2 gehäufte EL Karamellsauce, zusätzlich etwas Sauce zum Garnieren

GARNITUR (FROSTING)
Mascarpone oder Schlagsahne
Puderzucker
Vanilleextrakt
geröstete Mandelsplitter

Den Ofen auf 180 °C vorheizen und 12 Papierförmchen in die Vertiefungen eines Muffin-Backblechs hineinsetzen.

Alle Zutaten bis auf die Karamellsauce in eine Schüssel geben und gut verrühren. Mithilfe von zwei Teelöffeln je einen Löffel Teig in die Förmchen geben. Ein wenig Karamellsauce hinzufügen und diese wieder mit Teig zudecken. Mit einer Messerspitze darin rühren, damit der Teig und die Sauce sich vermischen. Etwa 20 Minuten backen, bis die Kuchen schön aufgegangen und goldbraun sind. Aus dem Backblech nehmen und auf einem Gitter auskühlen lassen.

Den Mascarpone oder die geschlagene Sahne in eine Schüssel geben und mit Puderzucker und Vanilleextrakt verrühren. Spiralförmig auf die Kuchen auftragen. Etwas Karamellsauce darübergießen und mit Mandelsplittern bestreuen.

Cupcake-Party

Devil's Food Cake

Die Miniversion dieses bekannten, wirklich teuflisch guten Schokoladenkuchens passt zu jedem Anlass. Besonderes Aufsehen erregen diese Muffins, wenn Sie sie mit Wunderkerzen dekorieren.

Für 12 Muffins
Vorbereitungszeit: 35 Minuten
Backzeit: 20–25 Minuten
Foto: Seite 104–105

RÜHRTEIG MIT DUNKLER SCHOKOLADE

75 g dunkle Schokolade, in kleine Stücke gebrochen
200 ml Milch
75 g Kandisfarin
75 g weiche Butter
175 g extrafeiner Zucker
2 Eier
1 EL Kakaopulver
175 g Mehl
1 TL Natron

AMERIKANISCHE GLASUR (AMERICAN FROSTING)

1 Eiweiß
200 g Puderzucker

Den Ofen auf 180 °C vorheizen und 12 Papierförmchen in die Vertiefungen eines Muffin-Backblechs hineinsetzen.

Die Schokolade, die Milch und den Kandisfarin in einen kleinen, beschichteten Topf mit dickem Boden geben. Bei schwacher Hitze erwärmen, bis der Zucker und die Schokolade geschmolzen sind. Abkühlen lassen.

Die Butter in einer Schüssel glatt rühren. Den extrafeinen Zucker hinzufügen und das Ganze zu einem luftigen, leichten Schaum rühren. Die Eier nacheinander unter kraftigem Rühren dazugeben. Kakaopulver, Mehl und Natron zusammen sieben und mit einem Metalllöffel untermengen.

Die geschmolzene Schokolade sachte über die Masse gießen und unterheben. Das Ganze zu einem homogenen Teig rühren und diesen in die Papierförmchen füllen. 20–25 Minuten backen, bis die Kuchen schön aufgegangen sind und auf Fingerdruck noch weich reagieren. Aus dem Muffin-Backblech nehmen und auf einem Gitter auskühlen lassen.

Für die Glasur das Eiweiß in eine saubere Schüssel geben und zu steifem Schnee schlagen.

Den Puderzucker mit 60 ml Wasser in einen beschichteten Topf mit dickem Boden geben. Bei schwacher Hitze erwärmen, bis sich der Zucker aufgelöst hat. Ohne zu rühren, aufkochen und kochen lassen, bis der Sirup 115–120 °C auf dem Zuckerthermometer anzeigt. Vom Herd nehmen und warten, dass die Bläschen auf den Topfboden sinken. Nach und nach das steife Eiweiß mit dem Schneebesen einarbeiten und schlagen, bis die Masse weiße Spitzen bildet.

Das Frosting in breiten Spiralen auf die Kuchen streichen. Dabei möglichst rasch vorgehen, weil diese Glasur schnell hart wird.

Festliche Weihnachts-Muffins

Schokolade und Maronen sind die Hauptzutaten dieser festlichen Muffins, die mit einem Marshmallow-Frosting wie mit einer Schneehaube überzogen werden. Etwas Glitzerdekor verstärkt das weihnachtliche Aussehen.

Für 12 Muffins
Zubereitung: 45 Minuten
Backzeit: 20 Minuten
Foto: Seite 109

BISKUITMASSE MIT SCHOKOLADE UND MARONEN

130 g dunkle Schokolade, in kleine Stücke gebrochen
½ Dose (220 g) ungezuckertes Maronenpüree
120 g weiche Butter
120 g Kandisfarin
1 TL Zimtpulver
1 TL Vier-Gewürze-Pulver
1 EL Kakaopulver
3 große Eier, Eigelb und Eiweiß getrennt
1 Prise Salz

MARSHMALLOW-FROSTING

2 Eiweiß
130 g Puderzucker
1 TL Glukose (im Reformhaus erhältlich)
1 TL Vanilleextrakt
120 g Marshmallows, klein zerstückelt
Dekor nach Belieben

Den Ofen auf 180 °C vorheizen und 12 Papierförmchen in die Vertiefungen eines Muffin-Backblechs hineinsetzen.

Die Schokolade in eine Schüssel geben und im Mikrowellenofen oder im heißen Wasserbad schmelzen.

In der Zwischenzeit das Maronenpüree, die Butter, den Zucker, das Zimt-, das Vier-Gewürze- und das Kakaopulver sowie die Eigelbe in einer anderen Schüssel mit dem elektrischen Handrührgerät – oder wahlweise in der Küchenmaschine – schaumig rühren. Die geschmolzene und leicht abgekühlte Schokolade dazugeben und das Ganze zu einem luftigen Schaum schlagen. 50 ml warmes Wasser dazugießen und weiterschlagen, bis ein homogener Teig entsteht.

Die Eiweiße mit dem Salz zu steifem Schnee schlagen und vorsichtig unter den Teig heben. Diesen in die Papierförmchen füllen. Etwa 20 Minuten backen, bis die Muffins schön aufgegangen sind und auf Fingerdruck noch weich reagieren. Sollten sie in der Mitte wieder zusammensinken, ist das nicht weiter schlimm, weil sie später ja mit Glasur bedeckt werden. Aus dem Muffinblech nehmen und auf einem Gitter auskühlen lassen.

Alle Zutaten für das Frosting, mit Ausnahme der Marshmallows, in eine Glasschüssel geben. Diese auf einen Topf mit siedendem Wasser stellen. Darauf achten, dass der Boden der Schüssel das Wasser nicht berührt. 4 Minuten rühren, bis die Glasur dicklich wird. Die Marshmallows hinzufügen und weiterrühren, bis diese schmelzen und die Glasur noch mehr eindickt. (Die ganze Zubereitung dauert 7–8 Minuten.) Ein wenig auskühlen lassen und auf den Muffins verteilen. Nach Belieben verzieren (beispielsweise mit Glitzerdekor). Gut trocknen lassen.

Halloween-Cupcakes

Gegenwärtig ist Schwarz und Weiß wieder sehr gefragt, und Lakritze ist zum Modearoma in vielen Restaurants geworden. Daher habe ich mir überlegt, dass die drei zusammen eigentlich die perfekten Cupcakes für Halloween ergeben müssten. Wenn Sie mit Lakritze nichts anfangen können, bereiten Sie stattdessen Schokoladen-Cupcakes (beispielsweise nach dem Rezept für Discokuchen auf Seite 118) zu. Und wenn Sie keine Zeit haben, selber eine Spritztüte für die Verzierung zu formen, besorgen Sie sich einfach schwarze Lebensmittelstifte.

Für 24 Cupcakes
Zubereitung: 35 Minuten
Backzeit: 15–20 Minuten
Foto: Seite 111

BISKUITMASSE MIT LAKRITZE

200 g Lakritzbonbons oder Lakritzstangen, klein zerstückelt
150 ml Milch
200 g Puderzucker
2 Eier
120 ml Sonnenblumen- oder Traubenkernöl
200 g Mehl, vermischt mit
½ TL Backpulver und ½ TL Natron
schwarze Lebensmittelfarbe

GARNITUR (FROSTING)

2 Portionen Zuckerglasur, schwarz gefärbt (siehe Seite 148)
2 Portionen weiße Zuckerglasur (siehe Seite 148)

Den Ofen auf 180 °C vorheizen und 24 Papierförmchen in die Vertiefungen von zwei Törtchenbackblechen (siehe Seite 10) hineinsetzen.

Die Lakritze und die Milch in einen beschichteten Topf mit dickem Boden geben. Bei kleiner Hitze und unter stetigem Rühren aufkochen, um die Lakritze aufzulösen. Wenn sie praktisch geschmolzen ist, vom Herd nehmen und kurz auskühlen lassen. In die Rührschüssel einer Küchenmaschine gießen und ein paar Minuten vermischen. Den Zucker dazugeben und erneut mischen. Die übrigen Zutaten hinzufügen und den Teig mit schwarzer Lebensmittelfarbe färben.

Den Teig in die Papierförmchen füllen. 15–20 Minuten backen, bis die Cupcakes schön aufgegangen sind und auf Fingerdruck noch weich reagieren. Aus den Backblechen nehmen und auf einem Gitter auskühlen lassen.

Die eine Hälfte der Cupcakes mit weißer Zuckerglasur, die andere mit schwarz gefärbter Zuckerglasur überziehen. Von beiden Glasuren ein wenig beiseitestellen und in eine Spritztüte oder einen kleinen Spritzbeutel füllen. Die Spitze der Spritztüte mit der weißen Glasur durchbohren und die Kuchen mit der schwarzen Glasur folgendermaßen verzieren: In der Mitte beginnend einige konzentrische Kreise bis zum Rand ziehen; danach das Spinnennetz zeichnen, indem die aufgespritzten Kreise zackenförmig ausgezogen werden. Für die Striche, die vom kleinsten Kreis ausgehen und sich bis zum Rand ziehen, einen Zahnstocher benutzen. Den Vorgang mit der schwarzen Glasur auf den weiß glasierten Kuchen wiederholen. Vor dem Servieren trocknen lassen.

LOVER

LOVE

Cupcakes zum Valentinstag

Für 12–15 Cupcakes
Vorbereitungszeit: 35 Minuten
Backzeit: 15–20 Minuten
Foto: Seite 112–113

HIMBEERCOULIS
200 g frische Himbeeren
2 EL Puderzucker
1 Spritzer Zitronensaft

RÜHRTEIG
150 g sehr weiche Butter
150 g extrafeiner Zucker
2 Eier, verquirlt
1 TL Vanilleextrakt
200 g Mehl
1 TL Backpulver
ein wenig Milch

GLASUR (FROSTING)
1 Portion Zucker- oder Fondantglasur (siehe Seite 148), nach Belieben rosa oder rot gefärbt

Den Ofen auf 190°C vorheizen und 12–15 Papierförmchen in die Vertiefungen von zwei Muffin-Backblechen hineinsetzen.

Für die Himbeercoulis die Himbeeren durch ein Sieb streichen, um die Kerne zu entfernen. Das Fruchtpüree mit dem Puderzucker und dem Zitronensaft vermengen.

Für den Rührteig die Butter in eine Schüssel geben und glatt rühren. Den extrafeinen Zucker hinzufügen und das Ganze schaumig rühren. Die Eier nacheinander dazugeben und gut verrühren. Auch das Vanilleextrakt dazugeben.

Das Mehl zusammen mit dem Backpulver sieben, dann erneut durch ein Mehlsieb zu den Zutaten in der Schüssel geben. Mit einem Metalllöffel einarbeiten. Etwas Milch dazugießen, um den Teig zu verdünnen: Er soll bei einer Probe leicht vom Löffel fallen.

Mit zwei Teelöffeln je einem Teelöffel Teig in die Papierförmchen geben. Einen Teelöffel Himbeercoulis darübergeben und mit etwas Teig zudecken. Die übrig gebliebene Coulis für die Glasur zur Seite stellen. Mit einer Messerspitze in den gefüllten Förmchen rühren, damit Teig und Sauce ineinanderfließen. 15–20 Minuten backen, bis die Cupcakes schön aufgegangen und goldbraun sind. Aus dem Muffin-Backblech nehmen und auf einem Gitter auskühlen lassen.

Die Glasur rosa oder rot färben oder nach Belieben auch weiß lassen. Spiralförmig auf die Cupcakes streichen oder mit einem Spritzbeutel auftragen. Nach Lust und Laune verzieren.

Hochzeits-Muffins mit Rosendekor

Trockenfrüchte geben diesen Cupcakes das besondere Etwas. Füllen Sie die Förmchen nicht allzu sehr, damit möglichst noch eine dicke Glasur darauf passt. Wenn Ihnen gefällt, wie die Kuchen aussehen, Sie aber mit Trockenfrüchten nichts anfangen können, suchen Sie einfach ein anderes Rezept aus und behalten das Dekor bei. Die weißen Zuckerrosen finden Sie in Spezialgeschäften. Ich verziere die Kuchen gern mit einer einzelnen großen Rose. Doch können Sie auch zwei oder drei kleinere Rosen nehmen.

Für 18–24 Muffins
Vorbereitungszeit: 45 Minuten, zusätzlich 8 Stunden für das Einweichen
Backzeit: 20–25 Minuten
Foto: Seite 115

RÜHRTEIG MIT TROCKENFRÜCHTEN
225 g gemischte Trockenfrüchte
50 g entsteinte Dörrpflaumen, gehackt
1 Beutel Schwarztee
250 g Mehl
1 gestrichener TL Backpulver
2 TL Vier-Gewürze-Pulver
130 g weiche Butter
130 g feiner Rohrohrzucker
2 EL Melasse
abgeriebene Schale von 1 unbehandelten Orange
2 Eier

GARNITUR (FROSTING)
2 Portionen Fondant- oder Zuckerglasur (siehe Seite 148)
weiße Zuckerrosen

Die Trockenfrüchte und die Dörrpflaumen in eine Schüssel geben und mischen.

In einer Kanne 300 ml heißes Wasser über den Tee gießen und ein paar Minuten ziehen lassen. Den Beutel entfernen und den Tee über die Früchte gießen. Über Nacht ruhen lassen.

Den Ofen auf 150 °C vorheizen und 18–24 gold- oder silberfarbene Aluminiumförmchen in die Vertiefungen von zwei Muffin-Backblechen hineinsetzen.

Mehl, Backpulver und Gewürze zusammen sieben. Die Butter und den Zucker in einer Schüssel schaumig rühren. Die eingeweichten Trockenfrüchte, die Melasse und die Orangenschale hinzufügen. Das Ganze erneut rühren. Das Mehl und die Eier dazugeben. Alles gut vermengen.

Den Teig mit zwei Teelöffeln in die Förmchen verteilen. Diese höchstens zu zwei Drittel füllen und die Oberfläche mit dem Rücken eines Teelöffels glatt streichen. 20–25 Minuten backen: Die Kuchen sollen sich fest anfühlen. Aus den Backblechen nehmen und auf einem Gitter auskühlen lassen.

Die Kuchen dick mit Glasur bestreichen und mit Zuckerrosen verzieren. Vollständig trocknen lassen.

Gelbe Oster-Cupcakes

An Ostern sind manche Geschäfte eine richtige Inspirationsquelle. So liebe ich zum Beispiel den „Simnel cake", einen typisch britischen Osterkuchen, der in Marzipan gehüllt ist. Weil er in kleinen Formen nur schwer herzustellen ist, habe ich mich für eine abgewandelte Version aus Trockenfrüchten und Mandeln entschieden. Sollten Sie an eine Eiersuche für die Kinder denken, backen Sie vielleicht noch Vanille-Cupcakes und verzieren diese mit einer Schokoladen-Buttercreme (siehe Seite 148), Schokoladeneiern und Bonbons.

Für 12 oder 24 Kuchen
Vorbereitungszeit: 35 Minuten
Backzeit: 15–20 Minuten
Foto: Seite 117

RÜHRTEIG MIT MANDELN UND TROCKENFRÜCHTEN
130 g weiche Butter
130 g extrafeiner Zucker
130 g Mehl, vermischt mit
1½ TL Backpulver
3 Eier
2 gehäufte EL gemahlene Mandeln
50 g geschälte Mandeln, geröstet und grob gehackt
2 große Prisen Zimtpulver und Muskatnuss
50 g kandierte Zitrusfrüchte, gehackt
100 g Sultaninen
fein abgeriebene Schale von 1 unbehandelten Zitrone

GELBE GARNITUR (FROSTING)
50 g weiche Butter
110 g Puderzucker
4 gehäufte EL Crème fraîche
fein abgeriebene Schale von 1 unbehandelten Zitrone
zitronengelbe Lebensmittelfarbe (nach Belieben)
kleine Schokoladeneier, Zuckereier, Zuckerblüten oder -streusel zum Garnieren

Den Ofen auf 180 °C vorheizen und 12 Papierförmchen in die Vertiefungen eines Muffin-Backblechs oder 24 Papierförmchen in die Vertiefungen von zwei Törtchenbackblechen (siehe Seite 10) hineinsetzen.

Die Butter, den Zucker, das mit Backpulver vermischte Mehl und die Eier in eine Schüssel geben. Das Ganze so lange schlagen, bis der Teig glatt und ohne Knöllchen ist. Die Mandeln, den Zimt, die Muskatnuss, die kandierten Zitrusfrüchte, die Sultaninen und die abgeriebene Zitronenschale hinzufügen. Alles gut vermengen.

Den Teig in die Papierförmchen füllen. Je nach Größe der Förmchen 15–20 Minuten backen, bis die Kuchen schön aufgegangen sind und auf Fingerdruck noch weich reagieren. Aus den Backblechen nehmen und auf einem Gitter auskühlen lassen.

Die Butter und den Zucker für die Garnitur in eine Schüssel geben und mit dem elektrischen Handrührgerät schaumig rühren. Die Crème fraîche und die Zitronenschale hinzufügen und das Ganze erneut rühren, bis eine luftige Masse entsteht. Nach Belieben mit Lebensmittelfarbe färben, um ein schönes Gelb zu erzielen. Das Frosting spiralförmig auf die Kuchen auftragen und nach Lust und Laune verzieren.

Glitzernde Discokuchen

Diese kleinen Schokoladenkuchen, die mit einer schön glänzenden Glasur überzogen sind, finden auf sämtlichen Festen sofort Anklang, egal, ob es sich um Hochzeiten oder Geburtstagsfeiern handelt. Sogar als Mitbringsel sind sie ideal. Bevor Sie sie mit Pailletten bestreuen, können Sie mit Lebensmittelstiften auch Botschaften daraufschreiben. Solche Stifte sowie Zuckerpailletten und -sterne finden Sie in Spezialgeschäften, manchmal auch in großen Supermärkten.

Für 12–16 oder 24 Kuchen
Vorbereitungszeit: 45 Minuten
Backzeit: 15–25 Minuten, je nach verwendeten Formen
Foto: Seite 119

SCHOKOLADENKUCHEN
100 g extrafeiner Zucker
100 g Muscovado- oder feiner Rohrohrzucker
2 Eier
4 gehäufte EL Crème fraîche
120 ml Sonnenblumen- oder Traubenkernöl
150 g Mehl
50 g Kakaopulver
½ TL Backpulver
½ TL Natron
1 große Prise Salz
50 g dunkle Schokolade, geschmolzen

GARNITUR (FROSTING)
2 Portionen Zuckerglasur (siehe Seite 148), nach Belieben gefärbt
Zuckerpailletten und -sterne

Den Ofen auf 180 °C vorheizen und 12–16 Papierförmchen in die Vertiefungen von zwei Muffin-Backblechen oder 24 Papierförmchen in die Vertiefungen von zwei Törtchenbackblechen (siehe Seite 10) hineinsetzen.

Den Zucker und die Eier in eine Schüssel geben und mit dem elektrischen Handrührgerät so lange rühren, bis eine dicker, weißer Schaum entsteht. Probehalber die Schneebesen hochziehen. Wenn sie einen Abdruck hinterlassen, ist die Konsistenz richtig. (Oder probehalber Zeichen in den Schaum schreiben.) Die Crème fraîche unter stetigem Rühren hinzufügen. Nach und nach das Öl dazugießen und weiterrühren.

Mehl, Kakaopulver, Backpulver, Natron und Salz zusammen sieben und in die Masse einarbeiten. So lange rühren, bis der Teig glatt und ohne Knöllchen ist. Die geschmolzene Schokolade unterziehen. Zwei Esslöffel Wasser hinzufügen, wenn der Teig zu schwer wirkt.

Den Teig in eine Kanne umfüllen und aus dieser in die Papierförmchen gießen. Diese nicht höher als bis zur Hälfte füllen. Je nach Größe der Formen 15–20 Minuten backen, bis die Kuchen schön aufgegangen sind und auf Fingerdruck noch weich reagieren. Aus den Backblechen nehmen und auf einem Gitter auskühlen lassen.

Die Kuchen mit Zuckerglasur überziehen und mit Zuckerpailletten und -sternen verzieren.

Petit Fours mit Fondantglasur

Diese verführerischen Cupcakes werden in Backblechen mit würfelförmigen Vertiefungen gebacken: meine neueste Entdeckung! Die Bleche haben 16 Vertiefungen, das heißt die genau richtige Anzahl für einen festlichen Anlass. Alles, was Sie noch brauchen, sind viereckige Papierförmchen, die in diese speziellen Formen passen.

Für die Vorbereitungszeit der Kuchen verwende ich ein Grundrezept, das Sie je nach Gelegenheit abwandeln können: Muttertag, Hochzeit, Geburtstag, abgeschlossenes Examen, Geburt …

Nach dem Backen kann man die Kuchen aus ihren Förmchen lösen, quer durchschneiden und mit Konfitüre oder Buttercreme füllen und zum Schluss mit Fondantglasur überziehen. Nur sehen sie in den kleinen Papierhüllen so niedlich aus, dass ich sie lieber darin lasse und einfach mit Zucker- oder Fondantglasur (siehe Seite 148) verziere. Besorgen Sie sich eine reichhaltige Auswahl an Lebensmittelfarben und Spritzbeuteln und lassen Sie Ihrer Fantasie freien Lauf!

Für 16 Kuchen
Vorbereitungszeit: 45 Minuten
Backzeit: 15–20 Minuten
Foto: Seite 121

KLASSISCHER RÜHRTEIG
250 g sehr weiche Butter
250 g extrafeiner Zucker
4 große Eier
1 TL Vanilleextrakt oder die abgeriebene Schale von 3 unbehandelten Zitronen und ein paar Tropfen Zitronenaroma
250 g Mehl
2 TL Backpulver
ein wenig Milch (bei Bedarf)

FÜLLUNGEN UND GARNITUREN
Aprikosen- oder Himbeerkonfitüre
Vanille-Buttercreme (siehe Seite 148)
Fondantglasur, gebrauchsfertig vorbereitet
Lebensmittelfarbe (nach Belieben)
gefärbte Zuckerglasur (siehe Seite 148)
Glitzerpuder

Den Ofen auf 180 °C vorheizen und 16 Papierförmchen in die Vertiefungen eines Würfelbackblechs hineinsetzen.

Die Butter in einer Schüssel glatt rühren. Den Zucker hinzufügen und so lange rühren, bis die Masse schaumig ist. Da es sich um eine größere Teigmenge handelt, am besten mit einem elektrischen Handrührgerät oder einer Küchenmaschine arbeiten. Nach und nach die Eier und schließlich das Vanilleextrakt oder die Zitronenschale und das Zitronenaroma dazugeben.

Das Mehl zusammen mit dem Backpulver sieben und erneut durch ein Mehlsieb zu den Zutaten in der Schüssel geben. Mit einem Metalllöffel einarbeiten. Bei Bedarf etwas Milch dazugießen: Der Teig soll bei einer Probe leicht vom Löffel fallen.

Den Teig in die Förmchen verteilen und diese möglichst gleichmäßig füllen. 15–20 Minuten backen, bis die Kuchen bis zum Rand der Formen aufgegangen und hellbraun sind. (Auf keinen Fall bräunen lassen!) Zum Auskühlen in den Formen lassen.

Die Papierförmchen nach Belieben entfernen und die Kuchen quer durchschneiden. Mit Konfitüre oder Buttercreme füllen und erneut zusammensetzen. Jeden Würfel mit etwas Konfitüre einstreichen.

Die Fondantglasur zwischen zwei Blatt Backpapier dünn ausstreichen und Kreuze in der Kuchengröße daraus ausschneiden. Diese über die Kuchen legen und andrücken. Mit gefärbter Zuckerglasur Wünsche und Botschaften anbringen und beliebig mit Zuckerblüten und Glitzerpuder verzieren.

Luck
Love
Lust

Als Dessert

Bitterschokoladen-Muffins mit Minzefüllung

Für 12–16 Muffins
Vorbereitungszeit: 45 Minuten
Backzeit: 20 Minuten
Foto: Seite 125

RÜHRTEIG MIT BITTERSCHOKOLADE
150 g dunkle Schokolade, zerstückelt
175 g weiche Butter
175 g extrafeiner Zucker
3 Eier
200 g Mehl, vermischt mit
1½ TL Backpulver
1 EL Kakaopulver
1 EL Milch, falls nötig auch etwas mehr

MINZECREME
300 ml Schlagsahne
grüne Lebensmittelfarbe
1 EL Puderzucker
½ TL Minzearoma

MINZEGLASUR
200 g Puderzucker
1 TL Minzearoma
grüne Lebensmittelfarbe

Den Ofen auf 180 °C vorheizen und 12–16 Papierförmchen in die Vertiefungen von einem oder zwei Muffin-Backblechen hineinsetzen.

Die Schokolade in eine Glasschüssel geben und im Mikrowellenofen oder im heißen Wasserbad schmelzen. Darauf achten, dass der Boden der Schüssel das Wasser nicht berührt.

Die Butter in einer Schüssel glatt rühren. Den Zucker, die Eier, das mit Backpulver vermischte Mehl, den Kakao und die Milch hinzufügen. Das Ganze zu einem homogenen Teig rühren. Bei Bedarf noch etwas Milch dazugießen, bis der Teig bei der Probe leicht vom Löffel fällt.

Den Teig in die Papierförmchen füllen. Etwa 20 Minuten backen, bis die Kuchen schön aufgegangen sind und auf Fingerdruck noch weich reagieren. Aus den Vertiefungen nehmen und auf einem Gitter auskühlen lassen.

Für die Minzecreme die Schlagsahne in eine Schüssel geben und mit grüner Lebensmittelfarbe zartgrün färben. Mit dem Schneebesen schlagen, bis sich Schaumspitzen bilden. Den Zucker und das Minzearoma hinzufügen und die Creme erneut schlagen, um alle Zutaten gut zu vermischen. Die Kuchen aus den Förmchen lösen, waagerecht durchschneiden und mit der Creme füllen.

Für die Minzeglasur den Zucker in eine Schüssel sieben und mit so viel Wasser verrühren, bis eine flüssige Glasur entsteht. Das Minzearoma und etwas grüne Lebensmittelfarbe unterrühren. Die Glasur über die Kuchen gießen, sodass sie auf den Seiten hinunterfließt. Vor dem Servieren trocknen lassen.

Dattel-Muffins mit Karamellsauce

Für 12 Muffins
Vorbereitungszeit: 45 Minuten
Backzeit: 20 Minuten
Foto: Seite 129 (oben)

MUFFIN-TEIG MIT DATTELN
250 g Datteln, entsteint und grob gehackt
50 g Butter
225 g Mehl
1 TL Natron
2 TL Backpulver
2 TL Vier-Gewürze-Pulver
1 TL Zimtpulver
175 g Muscovado-Zucker oder feiner Rohrohrzucker
2 große Eier

KARAMELLSAUCE
50 g Butter
75 g Muscovado-Zucker oder feiner Rohrohrzucker
100 ml Crème double
Dekor nach Belieben

Den Ofen auf 180 °C vorheizen und 12 Papierförmchen in die Vertiefungen eines Muffin-Backblechs hineinsetzen.

Die Datteln und die Butter in den Mixer geben und 250 ml heißes Wasser darübergießen. Ein paar Minuten auskühlen lassen, danach zu einer glatten Creme mixen.

Das Mehl zusammen mit dem Natron, dem Backpulver und den Gewürzen in eine Schüssel sieben. Den Zucker, die Eier und die Dattelcreme unterrühren. Den Teig in die Papierförmchen füllen. Etwa 20 Minuten backen, bis die Kuchen schön aufgegangen sind und auf Fingerdruck noch weich reagieren. Aus dem Muffin-Backblech nehmen und auf einem Gitter auskühlen lassen.

Für die Karamellsauce die Butter, den Zucker und die Hälfte der Crème double in einen Topf geben und unter Rühren erwärmen, bis der Zucker sich aufgelöst hat. Oder die Zutaten in einen Glasbehälter geben und im Mikrowellenofen 2 Minuten bei höchster Stufe schmelzen. Verrühren und weitere 2 Minuten köcheln lassen, bis die Sauce sämig ist. Die restliche Crème double unterrühren.

Die Muffins mit der warmen Sauce servieren oder aus den Papierförmchen nehmen, mit der Sauce begießen und nach Belieben verzieren.

Weiche Apfel-Cupcakes mit Brombeercreme

Für 16–20 Cupcakes
Vorbereitungszeit: 45 Minuten
Backzeit: 15–20 Minuten
Foto: Seite 129 (unten)

RÜHRTEIG MIT ÄPFELN
400 g Äpfel
Saft und Schale von 1 unbehandelten Zitrone
125 g weiche Butter
175 feiner Rohrohrzucker
1 TL Zimtpulver
1 TL Vier-Gewürze-Pulver
2 Eier
50 g Vollkornmehl
160 g Mehl, vermischt mit
1 TL Backpulver
1 EL Milch, falls nötig auch etwas mehr

BROMBEERCREME
300 ml Schlagsahne
1 EL Puderzucker
2 gehäufte EL Brombeeren
gefärbter Zucker zum Garnieren

Den Ofen auf 180 °C vorheizen und 16–20 Papierförmchen in die Vertiefungen von zwei Törtchenbackblechen (siehe Seite 10) hineinsetzen.

Die Äpfel schälen, entkernen und ganz klein würfeln. Mit dem Saft und der abgeriebenen Schale der Zitrone vermengen und zur Seite stellen.

Die Butter und den Zucker in eine Schüssel geben und schaumig rühren. Die Gewürze hinzufügen und erneut rühren. Nach und nach die Eier unter Rühren hinzufügen. Die beiden mit dem Backpulver vermischten Mehlsorten und die Äpfel dazugeben und alles gut vermengen. So viel Milch dazugießen, dass der Teig bei der Probe leicht vom Löffel fällt.

Den Teig in die Papierförmchen füllen. 15–20 Minuten backen, bis die Kuchen schön aufgegangen sind und auf Fingerdruck noch weich reagieren. Aus den Backblechen nehmen und auf einem Gitter auskühlen lassen.

Für die Brombeercreme die Schlagsahne und den Zucker so lange schlagen, bis sich schaumige Spitzen bilden. Die Brombeeren untermengen und dabei leicht zerdrücken, damit der Saft ausläuft. Auf die Cupcakes auftragen und mit gefärbtem Zucker bestäuben.

IKEA

Banoffee-Cupcakes

Diese Muffins erinnern an die schottische Banoffee-Pie und sind eine himmlische Mischung aus lockerem Teig, Karamell, Bananen und Sahne.

Für 9 Cupcakes
Vorbereitungszeit: 45 Minuten
Backzeit: 15 Minuten
Foto: Seite 131

RÜHRTEIG MIT HASELNÜSSEN
50 g sehr weiche Butter
50 g extrafeiner Zucker
1 Ei
2 EL Milch
50 g Mehl, vermischt mit
1 gestrichenen TL Backpulver
60 g gemahlene Haselnüsse oder Pekan- oder Walnüsse

KARAMELLCREME
100 g Butter
100 g brauner Zucker
1 Dose (400 ml) gezuckerte Kondensmilch

GLASUR
2 Bananen
Crème fraîche oder geschlagene Sahne
geriebene Schokolade oder Schokoladenspäne

Den Ofen auf 190 °C vorheizen und 9 feste Papierförmchen in die Vertiefungen eines Muffin-Backblechs hineinsetzen.

Die Butter in einer Schüssel glatt rühren. Den Zucker, das Ei, die Milch, das mit Backpulver vermischte Mehl und die Haselnüsse (oder nach Belieben andere Nüsse) hinzufügen. Das Ganze zu einem homogenen, cremigen Teig rühren.

Den Teig in die Papierförmchen füllen. Etwa 15 Minuten backen. Die Kuchen sollen auf Fingerdruck noch weich reagieren. Sollte sich in der Mitte eine Spitze bilden, diese mit dem Finger sachte hinunterdrücken. Aus dem Backblech nehmen und in den Förmchen auskühlen lassen.

Für die Karamellcreme die Butter und den Zucker in einen beschichteten Topf mit dickem Boden geben und erwärmen. Die Kondensmilch hinzufügen und unter stetigem Rühren aufkochen. Die Hitze reduzieren und die Creme 20 Minuten köcheln lassen, bis sie einen Karamellton annimmt. Dabei geduldig vorgehen und die Hitze auf mäßiger Stufe halten, damit nichts anbrennt. Den Karamell vorsichtig auf den Kuchen verteilen und an den Seiten herunterlaufen lassen.

Vor dem Servieren mit Bananenscheiben, Crème fraîche oder Schlagsahne und geriebener Schokolade oder Schokoladenspänen garnieren.

Pistazien-Cupcakes

Das sind die richtigen Kuchen für Pistazienfans. Machen Sie sich nichts daraus, wenn der Teig sich im Ofen erst aufbläht, dann zusammenfällt und in der Mitte einen Krater bildet. Es kommt häufig vor. Doch dank der Glasur lassen sich derlei kleine Fehler gut kaschieren. Wenn Ihnen die Pistaziencreme als Frosting zu schwer erscheint, können Sie sie durch Crème fraîche und Schokoladensplitter ersetzen.

Für 16–20 Kuchen
Vorbereitungszeit: 45 Minuten
Backzeit: 15 Minuten
Foto: Seite 133

RÜHRTEIG MIT PISTAZIEN
100 g geschälte, ungesalzene Pistazien
150 g weiche Butter
150 g extrafeiner Zucker
80 g feiner Weizengrieß
60 g Mehl, vermischt mit
½ TL Backpulver
2 Eier

PISTAZIENCREME-FROSTING
50 g geschälte, ungesalzene Pistazien
50 g Puderzucker
300 ml Schlagsahne
gefärbter Zucker zum Garnieren

Den Ofen auf 180 °C vorheizen und 16–20 Papierförmchen in die Vertiefungen von einem oder zwei Törtchenbackblechen (siehe Seite 10) hineinsetzen.

Die Pistazien in einem Mörser zerreiben oder im Mixer oder von Hand hacken. Mit der Butter, dem Zucker, dem Grieß, dem mit Backpulver vermischten Mehl und den Eiern in eine Schüssel geben. 2 Minuten rühren, bis die Zutaten gut vermengt sind.

Den Teig in die Papierförmchen verteilen. Diese jedoch nicht zu sehr füllen. Etwa 15 Minuten backen, bis die Kuchen leicht goldbraun sind. Aus den Backblechen nehmen und auf einem Gitter auskühlen lassen.

Die Pistazien für die Creme in einer elektrischen Kaffeemühle zu einer Paste mahlen. Den Zucker mit 50 ml Wasser in einen kleinen Topf geben und auflösen. Aufkochen und 5 Minuten kochen lassen. Ausgekühlt mit der Pistazienpaste vermengen.

Die Sahne so lange schlagen, bis sich Spitzen bilden. Die Pistazienmasse unterziehen. Auf die Kuchen streichen und mit gefärbtem Zucker verzieren.

Espresso-Muffins

Für 12 Muffins
Vorbereitungszeit: 45 Minuten
Backzeit: 20 Minuten
Foto: Seite 135

RÜHRTEIG MIT KAFFEE

100 g Muscovado-Zucker oder feiner Rohrohrzucker
100 ml Milch
180 ml starker Kaffee (Espresso)
20 g Melasse
200 g Golden Syrup (in Geschäften mit britischen oder amerikanischen Produkten erhältlich), ersatzweise Getreidesirup
230 g Mehl
1 TL Backpulver
1 TL Natron
1 Ei

KAFFEEGLASUR

1 Eiweiß
175 g Puderzucker
1 Prise Salz
2 EL Kaffeelikör oder starker Kaffee

Den Ofen auf 180 °C vorheizen und 12 Papierförmchen in die Vertiefungen eines Muffin-Backblechs hineinsetzen.

Den Zucker und die Milch in einen Topf geben und bei schwacher Hitze erwärmen, bis sich der Zucker auflöst. Den Kaffee, die Melasse und den Golden Syrup hinzufügen. Unter Rühren aufkochen, vom Herd nehmen und etwas auskühlen lassen.

Das Mehl mit dem Backpulver und Natron in eine Schüssel sieben. Die Kaffeemischung und das Ei dazugeben. Gut rühren, um alle Zutaten zu vermengen. Den Teig in die Papierförmchen füllen. Etwa 20 Minuten backen, bis die Kuchen leicht aufgegangen sind und auf Fingerdruck noch weich reagieren. Aus dem Muffin-Backblech nehmen und auf einem Gitter auskühlen lassen.

Die Zutaten für die Glasur in eine Glasschüssel geben und mit dem elektrischen Handrührgerät schaumig rühren. Die Schüssel auf einen Topf mit schwach siedendem Wasser stellen, ohne dass der Boden der Schüssel das Wasser berührt. 7 Minuten weiterrühren, bis sich steife Spitzen bilden. Die Glasur spiralförmig auf die Kuchen auftragen.

Petit Fours mit frischen Früchten

Für 24 Petit Fours
Vorbereitungszeit: 45 Minuten
Backzeit: 10 Minuten
Foto: Seite 136–137

NEUTRALER RÜHRTEIG
60 g weiche Butter
125 g extrafeiner Zucker
abgeriebene Schale von 1 unbehandelten Zitrone
2 Eier
125 g Mehl, vermischt mit
1 TL Backpulver

FRISCHKÄSE-FROSTING
100 g Sahnefrischkäse wie beispielsweise Philadelphia oder Saint Môret
200 g Puderzucker, gesiebt
ein paar Tropfen Vanilleextrakt
verschiedene frische Früchte, je nach Jahreszeit
2 EL Aprikosen- oder Erdbeergelee zum Überziehen

Den Ofen auf 190 °C vorheizen und 24 Mini-Papierförmchen in die Vertiefungen von zwei Mini-Muffin-Backblechen hineinsetzen.

Alle Zutaten für den Rührteig nacheinander in eine Schüssel geben und mit einem Holzlöffel zu einem glatten Teig rühren. Den Teig in die Papierförmchen füllen. Etwa 10 Minuten backen, bis die Kuchen schön aufgegangen sind und auf Fingerdruck noch weich reagieren. Aus den Backblechen nehmen und auf einem Gitter auskühlen lassen.

Den Frischkäse mit etwas warmem Wasser in eine Schüssel geben und zu einer weichen Creme verrühren. Den Zucker und das Vanilleextrakt hinzufügen und alles gut vermengen. Das Frosting auf die Cupcakes streichen und großzügig mit den Früchten verzieren. Diese mit Gelee bepinseln, damit sie schön glänzen.

CUPCAKES
ROCK

Erdbeer-Cupcakes mit Mascarponehäubchen

Mischen Sie im Sommer noch ein paar Johannisbeeren unter die Erdbeeren!

Für 18 Kuchen
Vorbereitungszeit: 35 Minuten, zusätzlich 30 Minuten zum Marinieren
Backzeit: 15–20 Minuten
Foto: Seite 140–141

RÜHRTEIG MIT FRISCHKÄSE
100 g weiche Butter
100 g Sahnefrischkäse wie zum Beispiel Philadelphia oder Saint Môret
100 g extrafeiner Zucker
2 Eier
½ TL Vanilleextrakt
150 g Mehl, vermischt mit
1 TL Backpulver

ERDBEEREN IN SIRUPMARINADE
150 g Erdbeeren, der Länge nach geviertelt
2 TL Puderzucker
1 TL Rosensirup

MASCARPONEHÄUBCHEN
150 g Mascarpone
2 EL Puderzucker
2 TL Vanilleextrakt
2 EL Crème fraîche

Den Ofen auf 180 °C vorheizen und 18 Papierförmchen in die Vertiefungen von zwei Muffin-Backblechen hineinsetzen.

Die Butter, den Frischkäse, den Zucker, die Eier und das Vanilleextrakt in eine Schüssel geben. Mit dem elektrischen Handrührgerät zu einer luftigen Masse rühren. Das mit Backpulver vermischte Mehl unter weiterem Rühren unterziehen.

Den Teig in die Papierförmchen füllen. 15–20 Minuten backen, bis die Kuchen schön aufgegangen sind und auf Fingerdruck noch weich reagieren. Aus den Backblechen nehmen und auf einem Gitter auskühlen lassen.

Alle Zutaten für die Erdbeeren in Sirupmarinade miteinander vermengen. Darauf achten, dass die Früchte nicht zerquetscht werden. 30 Minuten ziehen lassen.

Alle Zutaten für die Mascarponehäubchen in eine Schüssel geben und zu einer luftigen Creme rühren. Spiralförmig auf die Kuchen streichen. Die Erdbeeren darauflegen und mit dem Sirup begießen.

Schokoladenküsse

Für 24 Mini-Muffins
Vorbereitungszeit: 45 Minuten
Backzeit: 10 Minuten
Foto: Seite 143

RÜHRTEIG MIT KAKAO UND HASELNÜSSEN
50 g sehr weiche Butter
50 g extrafeiner Zucker
1 Ei
50 g Mehl, vermischt mit
½ TL Backpulver
1 EL Kakaopulver
50 g fein gemahlene Haselnüsse
1 EL Milch (nach Belieben)

GANACHE MIT COGNAC
100 g weiße Schokolade, in Stücke gebrochen
50 g Butter
2 EL Cognac
125 ml Crème double
Lebensmittelfarbe (bei Bedarf)
Dekor nach Belieben

Den Ofen auf 190 °C vorheizen und 24 Mini-Papierförmchen in die Vertiefungen von zwei Mini-Muffin-Backblechen hineinsetzen.

Die Butter in eine Schüssel geben und glatt rühren. Den Zucker, das Ei, das mit Backpulver vermischte Mehl, das Kakopulver und die gemahlenen Haselnüsse hinzufügen. Das Ganze zu einem homogenen, cremigen Teig rühren. Sollte dieser bei der Probe nicht leicht vom Löffel fallen, noch etwas Milch hinzufügen.

Den Teig in die Papierförmchen füllen und etwa 10 Minuten backen. Die Kuchen sollen auf Fingerdruck noch weich reagieren. Aus den Backblechen nehmen und auf einem Gitter auskühlen lassen.

Für die Ganache die Schokolade, die Butter und den Cognac in eine Glasschüssel geben. Diese auf einen Topf mit schwach siedendem Wasser stellen, ohne dass der Boden der Schüssel das Wasser berührt. Die Schokolade unter Rühren langsam schmelzen. Vom Herd nehmen und die Crème double unterrühren. Nach Belieben mit Lebensmittelfarbe färben. Die Ganache zu einer steifen Masse schlagen und diese mit einem Spritzbeutel auf die Kuchen auftragen. Nach Lust und Laune verzieren.

Kokos-Limonen-Muffins

Für das Vanillemark schlitzen Sie eine Vanilleschote der Länge nach auf und kratzen das Innere mit einem Messer heraus.

Für 9 Muffins
Vorbereitungszeit: 35 Minuten
Backzeit: 20 Minuten
Foto: Seite 145

RÜHRTEIG MIT KOKOSFLOCKEN UND LIMONE
125 g weiche Butter
30 g Kokosflocken
125 g extrafeiner Zucker
125 g Mehl, vermischt mit
1½ gestrichenen TL Backpulver
2 Eier
Saft und abgeriebene Schale von 2 unbehandelten Limonen
Schlagsahne zum Servieren

VANILLE-LIMONEN-SIRUP
100 g Puderzucker
ausgekratztes Mark von einer Vanilleschote
Saft und abgeriebene Schale von einer unbehandelten Limone

Den Ofen auf 180 °C vorheizen und 9 Papierförmchen in die Vertiefungen eines Muffin-Backblechs hineinsetzen.

Die Butter in eine Schüssel geben und glatt rühren. Die Kokosflocken, den Zucker, die Eier, das mit Backpulver vermischte Mehl, den Saft und die Schale der Limonen hinzufügen. Das Ganze zu einem homogenen Teig rühren.

Den Teig in die Papierförmchen füllen. Etwa 20 Minuten backen, bis die Kuchen schön aufgegangen sind und auf Fingerdruck noch weich reagieren. Aus dem Muffin-Backblech nehmen und auskühlen lassen.

Den Zucker für den Sirup mit 100 ml Wasser in einen kleinen Topf geben und unter Rühren auflösen. Aufkochen, das Vanillemark hinzufügen und 1 Minute kochen lassen. Vom Herd nehmen und den Saft und die Schale der Limone unterrühren.

Den Sirup etwas abkühlen lassen, dann über die Muffins gießen und mit Schlagsahne garnieren.

Frostings, Glasuren und Garnituren

Zuckerglasuren

Wenn Sie verschiedenfarbige Glasuren gleichzeitig vorbereiten, ist es besser, jede nur in kleinen Mengen herzustellen. Denn Zuckerglasuren trocknen schnell. Wenn Sie große Mengen brauchen, geben Sie die Glasur in eine Plastikschüssel und decken Sie sie mit Klarsichtfolie zu. Das mache ich, wenn ich Cupcakes für einen Nachmittagsimbiss in der Schule meiner Tochter organisiere. Die kleinen Kristalle, die an der Oberfläche auftreten können, sind weiter nicht schlimm. Es genügt meist, die Glasur einfach umzurühren, damit sie ganz verschwinden.

Für 12 Cupcakes
Vorbereitungszeit: 5 Minuten

200 g Puderzucker
Lebensmittelfarbe, Aroma (nach Belieben)

Den Puderzucker in eine Schüssel sieben, um die Knöllchen zu entfernen. Er soll zum Schluss ganz fein sein. Nach und nach 1 Esslöffel warmes Wasser unterrühren, wenn die Glasur zum Überziehen bestimmt ist. Etwas weniger Wasser verwenden, wenn die Glasur für eine Verzierung gedacht ist. Mit einem Holzlöffel zu einer glatten Mischung rühren. Lebensmittelfarbe und Aroma nach Belieben hinzufügen.

Anmerkung: Es ist besser, die Lebensmittelfarbe nach und nach dazuzugeben, um zu sehen, wie sie wirkt. Blasse Farben sehen meistens appetitlicher aus. Andererseits kann eine lebhafte Farbe auf einem kleinen Kuchen auch besonders attraktiv wirken. Ein knalliges Rosa beispielsweise, zusammen mit hübschen Zuckerpailletten, kommt bei mir immer gut an. Lassen Sie Ihre Fantasie walten, um aus Ihren Cupcakes etwas Persönliches zu machen.

ORANGEN-, ZITRONEN- ODER LIMONENGLASUR
Die abgeriebene Schale unbehandelter Zitrusfrüchte mit dem Puderzucker vermengen und statt Wasser den Saft der jeweiligen Frucht verwenden.

ROSENWASSER- ODER ORANGENBLÜTENGLASUR
Statt Wasser Rosen- oder Orangenblütenwasser verwenden.

KAFFEEGLASUR
1 Esslöffel fertigen Espresso anstelle des Wassers verwenden oder 1 Esslöffel löslichen Kaffee mit dem warmen Wasser verrühren.

SCHOKOLADENGLASUR
1 gehäuften Esslöffel Kakaopulver in eine Schüssel sieben und mit warmem Wasser zu einer Paste verrühren. Diese zur Glasur geben. Für eine Schokoladen-Orangen-Glasur noch etwas abgeriebene Orangenschale untermengen.

FONDANTGLASUR
Es ist leicht, eine Fondantglasur herzustellen. Sie gleicht zwar der Zuckerglasur, doch bleibt sie weich und glänzend, selbst wenn sie trocken wird. Sie lässt sich auf gleiche Art färben und aromatisieren.

Die Fondantglasur wird mit der gleichen Menge Zucker, jedoch mit weniger Wasser hergestellt. Dadurch entsteht eine dicke Paste, die sich mit der Teigrolle ausrollen lässt. Man verwendet sie zum Überziehen von Cupcakes oder zur Herstellung von Verzierungen oder Zuckerfiguren. Im Handel gibt es auch gebrauchsfertige Fondantmasse (weiße und gefärbte).

Um eine Fondantmasse zu färben, muss man diese einfach von Hand kneten, bis sie weich wird. Danach gibt man ganz wenig Lebensmittelfarbe dazu und knetet weiter, bis ein gleichmäßig gefärbter Teig entsteht. Zum Ausrollen legt man ihn auf eine glatte, mit Puderzucker bestäubte Arbeitsfläche oder zwischen zwei Blatt Backpapier.

Vanille-Buttercreme

Buttercreme ist das Lieblings-Frosting meiner Familie. Es ist eine einfache Creme, die zu vielen Kuchen passt und sich vielfältig färben und aromatisieren lässt. Die angegebene Menge reicht, um 12 Cupcakes mit je einem gehäuften Esslöffel Creme zu garnieren.

Für 12 Cupcakes
Vorbereitungszeit: 10 Minuten

100 g weiche Butter
200 g Puderzucker
1 TL Vanilleextrakt
ein wenig Milch (bei Bedarf)

Die Butter in eine Schüssel geben und mit einem Holzlöffel glatt rühren. Den Zucker dazusieben und das Ganze zu einer leichten, schaumigen Masse rühren. Das Vanilleextrakt hinzufügen. Sollte die Creme nicht weich genug wirken, noch ein wenig Milch oder lauwarmes Wasser unterrühren. Für eine gefärbte Creme nun die Lebensmittelfarbe dazugeben. Die Anmerkung zur gefärbten Zuckerglasur beim Rezept gegenüber gilt auch hier (siehe linke Spalte).

SCHOKOLADEN-BUTTERCREME
1–2 gehäufte Esslöffel Kakaopulver mit 1 Esslöffel warmem Wasser verrühren. Etwas auskühlen lassen und unter die Buttercreme rühren. Die Creme schlagen, um alles gut zu vermengen.

BUTTERCREME MIT GERÖSTETEN MANDELN
2 Esslöffel geschälte und fein gehackte Mandeln rösten. Mit ein paar Tropfen Mandelaroma unter die Buttercreme rühren.

KAFFEE-BUTTERCREME
Die Buttercreme ohne die Beigabe von Vanille zubereiten. 2–3 Teelöffel löslichen Kaffee mit 1 Esslöffel warmem Wasser verrühren (oder fertigen Espresso verwenden). Auskühlen lassen und unter die Buttercreme rühren. Die Creme schlagen, um alles gut zu vermengen.

BUTTERCREME MIT FRISCHEN BEEREN
Etwa 100 g frische Erdbeeren, Himbeeren oder Heidelbeeren zerdrücken und unter die Buttercreme rühren.

Himbeersauce

Diese Sauce schmeckt mit warmen Schokoladen-Cupcakes und einer Kugel Eis besonders köstlich.

Für 150 ml Sauce
Vorbereitungszeit: 5 Minuten

220 g frische Himbeeren
1 Spritzer Zitronensaft
1 Spritzer Cassis-Likör (nach Belieben)
1 EL Puderzucker oder nach Belieben auch etwas mehr

Die Himbeeren durch ein Sieb streichen, um die Kerne zu entfernen. Zitronensaft, Cassis-Likör (nach Belieben) und Zucker untermengen.

Warme Schokoladensauce

Servieren Sie diese Sauce einfach so oder aromatisieren Sie sie mit etwas Whisky, Cognac, Rum oder mit Ihrem Lieblingsbranntwein. Probieren Sie auch einmal Chili-Schokolade dafür, Sie werden erstaunt sein über den köstlichen Geschmack.

Für 250 ml Sauce
Vorbereitungszeit: 10 Minuten
Kochzeit: 5 Minuten

200 g dunkle Schokolade
200 ml Schlagsahne

Die zerstückelte Schokolade und die Schlagsahne in eine Glasschüssel geben. Die Schüssel auf einen Topf mit leicht siedendem Wasser stellen, ohne dass der Boden der Schüssel das Wasser berührt. Die Schokolade unter Rühren schmelzen. Auf diese Art entsteht eine wunderbare Schokoladensauce mit schönem Glanz. Warm servieren.

VARIANTE
Stellen Sie den Rest der Sauce in den Kühlschrank, um Schokoladentrüffel herzustellen: Stechen Sie kleine Kugeln aus der Masse und rollen Sie diese zwischen Ihren Handflächen.

Backen Sie ein Blech Mini-Muffins und türmen Sie auf jedes einen Löffel Schlagsahne, gekrönt mit einer Trüffel. Servieren Sie sie zum Kaffee.

Lemon Curd

Diese Zitronencreme ist typisch britisch. Sie ist leicht herzustellen, verlangt jedoch viel Geduld, weil man ohne Unterlass darin rühren muss, und dies bei schwacher Hitze, damit die Eier nicht stocken. Am besten bereitet man sie in kleinen Mengen zu und bewahrt sie im Kühlschrank auf.

Für 1 Konfitürenglas
Vorbereitungszeit: 10 Minuten
Kochzeit: 20 Minuten

abgeriebene Schale von 4 unbehandelten Zitronen
Saft von 2 unbehandelten Zitronen
2 Eier
50 g Butter, in Würfel geschnitten
175 g Puderzucker

Alle Zutaten in eine Glasschüssel geben und vermengen. Die Schüssel auf einen Topf mit leicht siedendem Wasser stellen. Darauf achten, dass der Boden der Schüssel das Wasser nicht berührt. Darin rühren, bis sich der Zucker aufgelöst hat. Bei schwacher Hitze weiterköcheln und dabei ständig rühren: Der Vorgang dauert etwa 20 Minuten. Zur Probe etwas Creme über den Rücken eines Löffels fließen lassen. Wenn sie diesen überzieht (dafür muss sie relativ dick sein), ist sie fertig. Die Creme auf keinen Fall kochen, weil die Eier darin sich sonst in Rühreier verwandeln.

In ein sauberes, vorgewärmtes Konfitürenglas füllen. Vor Gebrauch auskühlen lassen. Die Creme lässt sich rund zehn Tage im Kühlschrank aufbewahren.

VARIANTE
Statt der Zitronen 6 Limonen oder 100 ml Himbeer- oder Erdbeercoulis verwenden.

SUGAR
grams
1000
900
800
700

Anhang

Inhalt

EINFÜHRUNG **5**

Was man zum Backen braucht 9
Küchengeräte 10
Zutaten 14

TIPPS UND TRICKS **21**

Häufige Probleme 22
Gut zu wissen 26

EINFACHE CUPCAKES UND MUFFINS **31**

Einfache Vanille-Muffins 32
Amerikanische Muffins 36
Orangen-Muffins 36
Zitronen-Cupcakes 38
Kokosnuss-Cupcakes 42
Rosinen-Gewürz-Cupcakes 42
Ingwer-Cupcakes mit Zimtbuttercreme 46
Kaffee-Nuss-Muffins 46
Karotten-Muffins mit Frischkäsehäubchen 50
Mandel-Muffins mit Buttercremedekor 50

FÜR SCHOKOHOLICS **53**

Einfache Schokoladen-Cupcakes mit rosa Buttercremetop 54
Erdnussbutter-Muffins mit Schokoladenglasur 56
Schokoladen-Pekannuss-Cupcakes mit Schoko-Fondantglasur 60
Schoko-Muffins mit weißer Schokoladen-Ganache 60
Marmorierte Schoko-Orangen-Muffins 64
Schokoladenschneebälle 68
Schokoladen-Bananen-Muffins 68

ZUM TEE **71**

Zarte Cupcakes mit Rosencreme-Frosting 74
Apfel-Heidelbeer-Cupcakes 78
Bunt garnierte Mini-Muffins 78
Ingwer-Muffins 82
Cupcake-Dreierlei 82
Birnen-Cassis-Cupcakes mit Streuseln 86
Cupcakes mit Orangenblütenglasur 88
Himbeer-Cupcakes 90

Cupcakes mit Lemon-Curd- und Mascarpone-Füllung 92
Duftende Lavendel-Cupcakes 94

FÜR KINDER 97
Frühstücks-Muffins 100
Caramellos 100
Feenkuchen 101
Himmlische Heidelbeer-Cupcakes 101
Sahne-Schokoladen-Cupcakes 102
Marmor-Cupcakes à la Straciatella 102
Erdbeer-Cupcakes Holly Dolly 103

CUPCAKE-PARTY 105
Devil's Food Cake 106
Festliche Weihnachts-Cupcakes 110
Halloween-Cupcakes 110
Cupcakes zum Valentinstag 114
Hochzeits-Muffins mit Rosendekor 114
Gelbe Oster-Cupcakes 118
Glitzernde Discokuchen 118
Petit Fours mit Fondantglasur 120

ALS DESSERT 123
Bitterschokoladen-Muffins mit Minzefüllung 124
Dattel-Muffins mit Karamellsauce 128
Weiche Apfel-Cupcakes mit Brombeercreme 128
Banoffee-Cupcakes 132
Pistazien-Cupcakes 132
Espresso-Muffins 134
Petit Fours mit frischen Früchten 138
Erdbeer-Cupcakes mit Mascarpone-häubchen 142
Schokoladenküsse 142
Kokos-Limonen-Muffins 144

FROSTINGS, GLASUREN UND GARNITUREN 147
Zuckerglasuren 148
Vanille-Buttercreme 148
Himbeersauce 150
Warme Schokoladensauce 150
Lemon Curd 150

ANHANG 153

Verzeichnis der Rezepte

A

ÄPFEL
Apfel-Heidelbeer-Cupcakes 78
Weiche Apfel-Cupcakes mit Brombeercreme 128

APRIKOSEN
Petit Fours mit Fondantglasur 120
Petit Fours mit frischen Früchten 138

B

BANANEN
Schokoladen-Bananen-Muffins 68
Banoffee-Cupcakes 132

BIRNEN
Birnen-Cassis-Cupcakes mit Streuseln 86

BONBONS
Feenkuchen 101

BROMBEEREN
Weiche Apfel-Cupcakes mit Brombeercreme 128

BUTTERCREME MIT SCHOKOLADE
Schokoladen-Bananen-Muffins 68
Gelbe Oster-Cupcakes 118
Schokoladen-Buttercreme 148

BUTTERCREME MIT VANILLE
Einfache Schokoladen-Cupcakes mit rosa Buttercremetop 54
Schokoladen-Bananen-Muffins 68
Himbeer-Cupcakes 90
Feenkuchen 101
Sahne-Schokoladen-Cupcakes 102
Petit Fours mit Fondantglasur 120
Vanille-Buttercreme 148

C

CASSIS
Birnen-Cassis-Cupcakes mit Streuseln 86

COGNAC
Schokoladenküsse 142

D

DATTELN
Dattel-Muffins mit Karamellsauce 128

ERDBEEREN
Mandel-Muffins mit Buttercremedekor 50
Frühstücks-Muffins 100
Erdbeer-Cupcakes Holly Dolly 103
Petit Fours mit frischen Früchten 138
Erdbeer-Cupcakes mit Mascarpone-häubchen 142
Buttercreme mit frischen Beeren 148

ERDNUSSBUTTER
Erdnussbutter-Muffins mit Schokoladenglasur 56

FRISCHKÄSE
Karotten-Muffins mit Frischkäse-häubchen 50
Apfel-Heidelbeer-Cupcakes 78
Petit Fours mit frischen Früchten 138
Erdbeer-Cupcakes mit Mascarpone-häubchen 142

HEIDELBEEREN
Apfel-Heidelbeer-Cupcakes 78
Himmlische Heidelbeer-Cupcakes 101
Buttercreme mit frischen Beeren 148

HIMBEEREN
Amerikanische Muffins 36
Mandel-Muffins mit Buttercremedekor 50
Cupcakes mit Orangenblütenglasur 88
Himbeer-Cupcakes 90
Cupcakes zum Valentinstag 114
Petit Fours mit Fondantglasur 120
Buttercreme mit frischen Beeren 148

HONIG
Frühstücks-Muffins 100

I

INGWER
Ingwer-Cupcakes mit Zimtbuttercreme 46
Ingwer-Muffins 82

J

JOGHURT
Kaffee-Nuss-Muffins 46
Duftende Lavendel-Cupcakes 94

K

KAFFEE
Kaffee-Nuss-Muffins 46
Espresso-Muffins 134

KAKAO
Einfache Schokoladen-Cupcakes mit rosa Buttercremetop 54
Erdnussbutter-Muffins mit Schokoladenglasur 56
Schokoladen-Pekannuss-Cupcakes mit Schoko-Fondantglasur 60
Schokoladen-Bananen-Muffins 68
Cupcake-Dreierlei 82
Sahne-Schokoladen-Cupcakes 102
Marmor-Cupcakes à la Straciatella 102
Devil's Food Cake 106
Festliche Weihnachts-Cupcakes 110
Glitzernde Discokuchen 118
Bitterschokoladen-Muffins mit Minzefüllung 124
Schokoladenküsse 142

KARAMELL
Caramellos 100
Dattel-Muffins mit Karamellsauce 128
Banoffee-Cupcakes 132

KAROTTEN
Karotten-Muffins mit Frischkäsehäubchen 50

KOKOSNUSS
Kokosnuss-Cupcakes 42
Schokoladenschneebälle 68
Kokos-Limonen-Muffins 144

L

LAKRITZE
Halloween-Cupcakes 110

LAVENDELBLÜTEN
Duftende Lavendel-Cupcakes 94

LEBENSMITTELFARBE
Zarte Cupcakes mit Rosencreme-Frosting 74
Bunt garnierte Mini-Muffins 78
Cupcake-Dreierlei 82
Himmlische Heidelbeer-Cupcakes 101
Halloween-Cupcakes 110
Gelbe Oster-Cupcakes 118
Petit Fours mit Fondantglasur 120
Bitterschokoladen-Muffins mit Minzefüllung 124
Schokoladenküsse 142
Zuckerglasuren 148

LIMONEN
Kokos-Limonen-Muffins 144
Lemon Curd 150

M

MANDELN
Mandel-Muffins mit Buttercremedekor 50
Caramellos 100
Gelbe Oster-Cupcakes 118
Karotten-Muffins mit Frischkäsehäubchen 50
Schoko-Muffins mit weißer Schokoladen-Ganache 60
Apfel-Heidelbeer-Cupcakes 78
Bunt garnierte Mini-Muffins 78
Cupcake-Dreierlei 82

MARONEN
Festliche Weihnachts-Cupcakes 110

MASCARPONE
Cupcakes mit Lemon-Curd- und Mascarpone-Füllung 92
Caramellos 100
Erdbeer-Cupcakes mit Mascarponehäubchen 142

MELASSE
Ingwer-Cupcakes mit Zimtbuttercreme 46
Ingwer-Muffins 82

Hochzeits-Muffins mit Rosendekor 114
Espresso-Muffins 134

MILCHSCHOKOLADE
Erdnussbutter-Muffins mit Schokoladen-glasur 56
Schokoladen-Pekannuss-Cupcakes mit Schoko-Fondantglasur 60
Schoko-Muffins mit weißer Schokoladen-Ganache 60
Caramellos 100
Sahne-Schokoladen-Cupcakes 102

MOHN
Orangen-Muffins 36

N

NÜSSE
Kaffee-Nuss-Muffins 46
Karotten-Muffins mit Frischkäse-häubchen 50
Hochzeits-Muffins mit Rosendekor 114
Banoffee-Cupcakes 132
Schokoladenküsse 142

O

ORANGEN
Orangen-Muffins 36
Karotten-Muffins mit Frischkäse-häubchen 50
Marmorierte Schoko-Orangen-Muffins 64
Cupcakes mit Orangenblütenglasur 88
Himmlische Heidelbeer-Cupcakes 101
Hochzeits-Muffins mit Rosendekor 114
Zuckerglasuren 148

P

PEKANNÜSSE
Karotten-Muffins mit Frischkäse-häubchen 50
Schokoladen-Pekannuss-Cupcakes mit Schoko-Fondantglasur 60
Banoffee-Cupcakes 132

PFLAUMEN
Hochzeits-Muffins mit Rosendekor 114

PISTAZIEN
Pistazien-Cupcakes 132

R

ROSINEN
Rosinen-Gewürz-Cupcakes 42
Gelbe Oster-Cupcakes 118

S

SCHLAGSAHNE
Kaffee-Nuss-Muffins 46
Erdnussbutter-Muffins mit Schokoladenglasur 56
Schoko-Muffins mit weißer Schokoladen-Ganache 60
Schokoladenschneebälle 68
Caramellos 100
Bitterschokoladen-Muffins mit Minzefüllung 124
Weiche Apfel-Cupcakes mit Brombeercreme 128
Banoffee-Cupcakes 132
Pistazien-Cupcakes 132
Kokos-Limonen-Muffins 144
Warme Schokoladensauce 150

SCHOKOLADE
Amerikanische Muffins 36
Erdnussbutter-Muffins mit Schokoladenglasur 56
Schokoladen-Pekannuss-Cupcakes mit Schoko-Fondantglasur 60
Schoko-Muffins mit weißer Schokoladen-Ganache 60
Marmorierte Schoko-Orangen-Muffins 64
Schokoladenschneebälle 68
Schokoladen-Bananen-Muffins 68
Cupcake-Dreierlei 82
Himbeer-Cupcakes 90
Caramellos 100
Sahne-Schokoladen-Cupcakes 102
Marmor-Cupcakes à la Straciatella 102
Erdbeer-Cupcakes Holly Dolly 103
Devil's Food Cake 106
Festliche Weihnachts-Cupcakes 110
Gelbe Oster-Cupcakes 118
Glitzernde Discokuchen 118
Bitterschokoladen-Muffins mit Minzefüllung 124
Banoffee-Cupcakes 132
Schokoladenküsse 142
Warme Schokoladensauce 150

SCHOKOLADE, DUNKLE
Schokoladen-Pekannuss-Cupcakes mit Schoko-Fondantglasur 60
Schoko-Muffins mit weißer Schokoladen-Ganache 60
Marmorierte Schoko-Orangen-Muffins 64

Devil's Food Cake 106
Festliche Weihnachts-Cupcakes 110
Glitzernde Discokuchen 118
Bitterschokoladen-Muffins mit Minzefüllung 124
Warme Schokoladensauce 150

SCHOKOLADE, WEISSE
Schoko-Muffins mit weißer Schokoladen-Ganache 60
Himbeer-Cupcakes 90
Schokoladenküsse 142

SESAM
Frühstücks-Muffins 100

SIRUP
Zarte Cupcakes mit Rosencreme-Frosting 74
Ingwer-Muffins 82
Frühstücks-Muffins 100
Espresso-Muffins 134
Erdbeer-Cupcakes mit Mascarponehäubchen 142

VANILLE
Einfache Vanille-Muffins 32
Amerikanische Muffins 36
Einfache Schokoladen-Cupcakes mit rosa Buttercremetop 54
Schokoladen-Pekannuss-Cupcakes mit Schoko-Fondantglasur 60
Apfel-Heidelbeer-Cupcakes 78
Birnen-Cassis-Cupcakes mit Streuseln 86
Himbeer-Cupcakes 90
Duftende Lavendel-Cupcakes 94
Caramellos 100
Feenkuchen 101
Himmlische Heidelbeer-Cupcakes 101
Sahne-Schokoladen-Cupcakes 102
Marmor-Cupcakes à la Straciatella 102
Erdbeer-Cupcakes Holly Dolly 103
Festliche Weihnachts-Cupcakes 110
Cupcakes zum Valentinstag 114
Petit Fours mit Fondantglasur 120
Petit Fours mit frischen Früchten 138
Erdbeer-Cupcakes mit Mascarponehäubchen 142
Vanille-Buttercreme 148

VIER-GEWÜRZE-PULVER
Rosinen-Gewürz-Cupcakes 42
Karotten-Muffins mit Frischkäsehäubchen 50
Ingwer-Muffins 82
Festliche Weihnachts-Cupcakes 110
Hochzeits-Muffins mit Rosendekor 114
Weiche Apfel-Cupcakes mit Brombeercreme 128

VOLLKORNTEIG
Frühstücks-Muffins 100

ZIMT
Ingwer-Cupcakes mit Zimtbuttercreme 46
Karotten-Muffins mit Frischkäsehäubchen 50
Ingwer-Muffins 82
Festliche Weihnachts-Cupcakes 110
Gelbe Oster-Cupcakes 118
Dattel-Muffins mit Karamellsauce 128

ZITRONEN
Zitronen-Cupcakes 38
Karotten-Muffins mit Frischkäsehäubchen 50
Apfel-Heidelbeer-Cupcakes 78
Cupcake-Dreierlei 82
Cupcakes mit Lemon-Curd- und Mascarpone-Füllung 92
Erdbeer-Cupcakes Holly Dolly 103
Cupcakes zum Valentinstag 114
Gelbe Oster-Cupcakes 118
Petit Fours mit Fondantglasur 120
Weiche Apfel-Cupcakes mit Brombeercreme 128
Petit Fours mit frischen Früchten 138
Kokos-Limonen-Muffins 144
Himbeersauce 150
Lemon Curd 150

ZUCKERBLÜTEN
Orangen-Muffins 36
Zitronen-Cupcakes 38
Schokoladen-Pekannuss-Cupcakes mit Schoko-Fondantglasur 60
Bunt garnierte Mini-Muffins 78
Gelbe Oster-Cupcakes 118

ZUCKERDEKOR
Einfache Vanille-Muffins 32
Karotten-Muffins mit Frischkäsehäubchen 50

Danksagung

Ein großes Dankeschön an Catie, die mich zu diesem Buch ermunterte. Danke an Deirdre: Wir waren ein tolles Team! Bald auf ein Glas Champagner! Danke an Kathy und Claire für ihre Geduld beim Lektorieren. Danke an Martin, Lesley und das Team von Pomona Fine Food, Gillian von Judith Michael & Daughter, Nadine für ihr Stricktalent und Ally B., die eine unerschöpfliche Inspirationsquelle ist. Danke an Fiona, eine bemerkenswerte Ernährungsberaterin, wenn es auf originelle Ideen ankommt: Deine Gin Tonic Version mit Vitaminen war köstlich!

Ich danke meiner Familie und meinen engen und weniger engen Freunden und denke dabei besonders an Cas, Oli, Josh, Luke und Rose, wie auch an Riley und ihre Familie. Ein großes Dankeschön an Rick, Elliot und Holly für ihre Unterstützung und Begabung beim Vorkosten meiner Cupcakes. Ihr seid einfach super!

Ich widme dieses Buch dem Andenken meiner Mutter, die mir die Liebe für die Küche weitergab. Ich wünschte so sehr, sie hätte meine Freude mit mir teilen können.

Unser Verlagsprogramm finden Sie unter
www.christian-verlag.de

Übersetzung aus dem Französischen: Doris Blum
Textredaktion: Silvia Rehder
Korrektur: Petra Tröger
Satz: Studio Fink, Krailling
Umschlaggestaltung: Caroline Daphne Georgiadis, Daphne Design

Copyright © 2009 für die deutschsprachige Ausgabe:
Christian Verlag GmbH, München

Die Originalausgabe mit dem Titel *Cupcakes* wurde erstmals 2008 im Verlag Marabout, Paris, veröffentlicht.

Copyright © 2008: Marabout, Paris

Die Deutsche Bibliothek – CIP Einheitsaufnahme
Ein Titeldatensatz für diese Publikation ist bei der Deutschen Bibliothek erhältlich.

Printed in Spain by Gráficas Estella.

Alle deutschsprachigen Rechte vorbehalten.

ISBN 978-3-88472-939-7

Alle Angaben in diesem Werk wurden von der Autorin sorgfältig recherchiert und auf den aktuellen Stand gebracht sowie vom Verlag geprüft. Für die Richtigkeit der Angaben kann jedoch keinerlei Haftung übernommen werden. Für Hinweise und Anregungen sind wir jederzeit dankbar. Bitte richten Sie diese an:
Christian Verlag
Postfach 400209
80702 München
E-Mail: info@christian-verlag.de